누구나
쉽고 재미있게

사고력 수학

노크

C8
(10~11세)

경우의 수와 통계

이 책을 보시는 부모님들께

머리가 좋아야 수학을 잘 한다는 말이 있습니다. 또, 수학을 잘 못하는 아이는 아빠, 엄마의 머리를 물려받아서 그렇다는 등의 난데없는 유전자 논쟁이 벌어지기도 합니다. 하지만 많은 사람들의 일반적인 생각과는 달리 이는 근거없는 이야기입니다. 외국의 한 연구 기관에서 언어, 사회, 수학, 과학의 네 가지 분야 중 어떤 것이 아동의 선천적 재능에 영향을 받는지 조사한 연구 결과를 발표했는데 일반적인 예상과는 다르게 선천적 재능에 영향을 받는 순서는 사회, 언어, 과학, 수학 순이었습니다. 다시 말해, 수학은 여러 학문 분야 중 선천적인 재능보다는 후천적인 환경이나 교육자, 학습자의 노력에 가장 큰 영향을 받는 학문이라 볼 수 있습니다. 수학의 가장 기본이 되는 '수 영역'의 예를 들어 보겠습니다. 아이들이 수를 처음 접하는 시기의 차이는 있지만 실제 수에 대한 감각과 수를 다루는 연습은 생활 속에서의 체험이나 다양한 활동, 학습 속에서 이루어집니다. 즉, 수학의 가장 기본이 되는 수는 선천적으로 가진 재능과는 거의 연관이 없으며 자라나면서 어떤 환경에 놓이는지, 얼마나 많이 수를 생각할 수 있는 기회가 있는지, 나이에 맞는 올바른 학습을 만날 수 있는지에 좌우됩니다. 그러므로 아이의 수학적 발달에 문제가 있다면, 그 아이가 누구를 닮아서 그런지, 지능이 떨어지는지를 따질 것이 아니라 수학적 힘을 기를 수 있는 학습 환경을 어떻게 만들어줄 것인가를 고민해야 합니다.

국제영재교육연구소의 랜즐리 소장은 영재의 기준을 마련하기 위해 여러 연구를 시행한 결과, 영재의 공통적인 특징들을 발견하였습니다. 첫째는 115 이상의 지능지수(IQ), 둘째는 창의력(Creativity), 셋째는 동기적 요소라고 부르는 끈질긴 근성과 과제집착력이었습니다. 이들 세 가지 요소 역시 선천적으로 타고 나는 부분도 물론 있겠지만 대부분 후천적인 학습이나 교육 활동을 통해 기를 수 있는 능력이라는 데에 이의를 제기하기는 힘듭니다.

이 처럼 수학적 능력은 후천적 학습 환경에 주로 좌우되며, 특히 어린 시절에는 그러한 경향이 더더욱 두드러집니다. 하지만 우리의 아이들을 둘러싼 수학적 환경을 다시 한 번 돌아봅시다. 초등학교를 들어가기 전부터 과도한 학습량과 무의미한 반복 활동, 이후의 수학 학습에 오히려 방해가 될 정도로 무리한 선행 학습 등의 환경은 아이의 수학적 힘을 길러주기보다는 수학에서 가장 중요한 창의적 사고력을 기를 수 있는 기회를 박탈함과 동시에 수학에 대한 흥미를 급속하게 떨어뜨리게 하여 수학으로 문제를 해결하려는 의지, 즉 수학적 동기를 스스로에게 부여하는 것을 불가능하게 만들어 버립니다. 중요한 것은 남들보다 먼저, 그리고 더 많이 수학적 지식을 머리 속에 주입하는 것이 아니라 태어나서부터 누구나 가지고 있는 수학에 대한 관심, 그리고 수학으로 생각하는 힘을 일깨워주는 것입니다.

수학을 잘할 수 있는 힘,

수학적 잠재력은 이미 여러분 아이들의 머릿 속에 줄곧 있어왔습니다. 단지 어떤 아이는 그것을 찾아내어 드러낼 수 있었고, 어떤 아이는 꼭꼭 숨긴 채 평생 드러나지 않을 뿐입니다. 이러한 수학적 잠재력에 대한 참신한 자극 – 생각을 두드리는 '노크'를 제안하려 합니다. '노크'는 수학적 지식과 스킬만을 무리하게 밀어넣지 않습니다. 왜 수학을 해야 하고, 어떻게 수학으로 가능한지 끊임없이 스스로 생각하게하는 계기로서의 활동이 되려 합니다. 일상으로부터 괴리된 학문으로서의 수학이 아닌, 삶을 살아가며 반드시 키워야 할 논리적, 합리적 사고력을 기를 수 있는 누구에게나 가장 중요한 경쟁력으로서의 수학을 주장합니다. '노크'야말로 새로운 수학 학습의 길을 보여주는 방향타가 될 것입니다.

한 현 조

똑!똑! 사고력 수학
노크의 구성

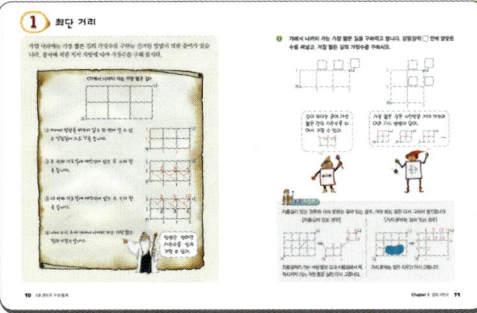

시작 : 생각열기

사고력 수학 주제에 맞는 수학적 상황, 수학사, 생활 속 수학 이야기 등의 자유로운 형식으로 흥미를 유발하고, 수학적 사고를 자극하는 주제별 프롤로그

노크 포인트
문제 해결의 핵심적 원리를 '콕!' 집어서 간결하게 요약한 사고력 수학 주제별 포인트

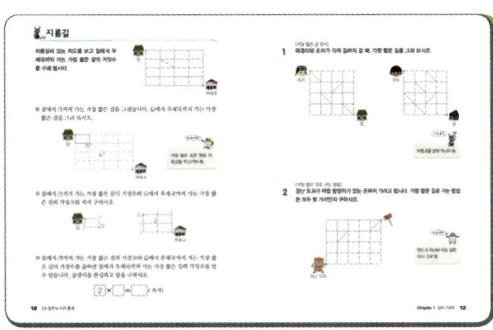

전개 : 유형 탐구

사고력 수학의 대표 유형을 노크만의 새로운 방법으로 차근차근 한 단계씩 익히고 해결하는 단계적 유형 탐구와 이를 통해 익힌 방법적 원리를 적용, 확장하는 확인 문항

> **잘 생각해 봐!**
>
> 수학 요정들의 친절한 충고와 꼬마 요괴들의 밉살스럽지만 유용한 조언으로 어려운 발전 문항의 해결을 돕는 문제 해결 도우미 박스

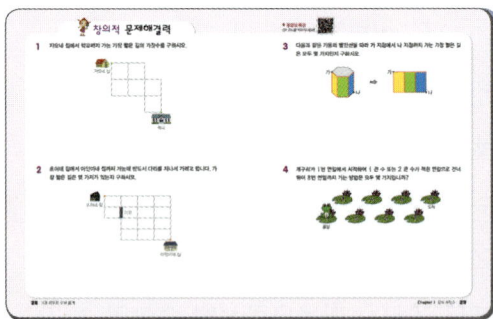

발전 : 창의적 문제해결력

3개의 사고력 수학 주제를 갈무리하는, 한 차원 높은 창의력과 복합적인 사고력을 요구하는 발전 문항의 끝판왕

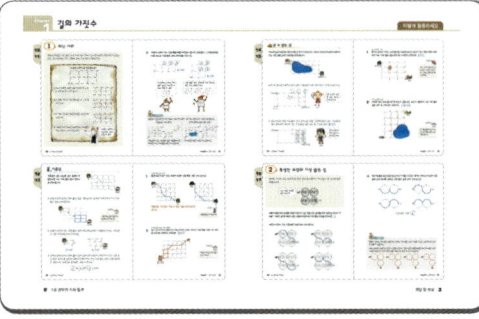

마무리 : 정답 및 해설

본문에 그대로 첨삭된 정답과 간략한 풀이 과정을 통한 사고력 수학 활동 피드백으로 마무리

노크
캐릭터 소개

지식을 되찾기 위해 노크랜드로 떠난 모험가 친구들

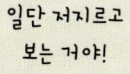

일단 저지르고 보는 거야!

난 궁금한 건 절대 못 참아.

침착하게 위기를 벗어나야 해.

생각으로 아주 멀리까지 날아가.

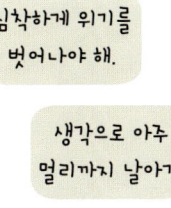

태경
활동파 리더

지오
호기심 공주

쵸이
조용한 전략가

아인
꼬마 천재

마법사 멀린과 수학 요정

마법사 멀린

노크랜드의 지식의 수호자. 지식을 파괴하려는 대마왕의 음모에 맞서 모험을 떠난 친구들의 든든한 조력자.

아르키메데스   **페르마**   **플라톤**

파스칼   **피타고라스**   **가우스**

유클리드   **오일러**

대마왕과 꼬마 요괴

대마왕

노크랜드의 지식의 파괴자. 세계를 차지하기 위해 모든 지식을 없애버리려고 하는 요괴들의 두목.

딴소리   **한입**   **장난**

딴짓   **멍하니**   **잠만자**

울보   **거꾸로**

이 책의

차 례

그래프

Chapter 3

공정한 게임

Chapter 4

Chapter 1

길의 가짓수

1 최단 거리

마법 나라에는 가장 짧은 길의 가짓수를 구하는 신기한 방법이 적힌 종이가 있습니다. 종이에 적힌 지시 사항에 따라 가짓수를 구해 봅시다.

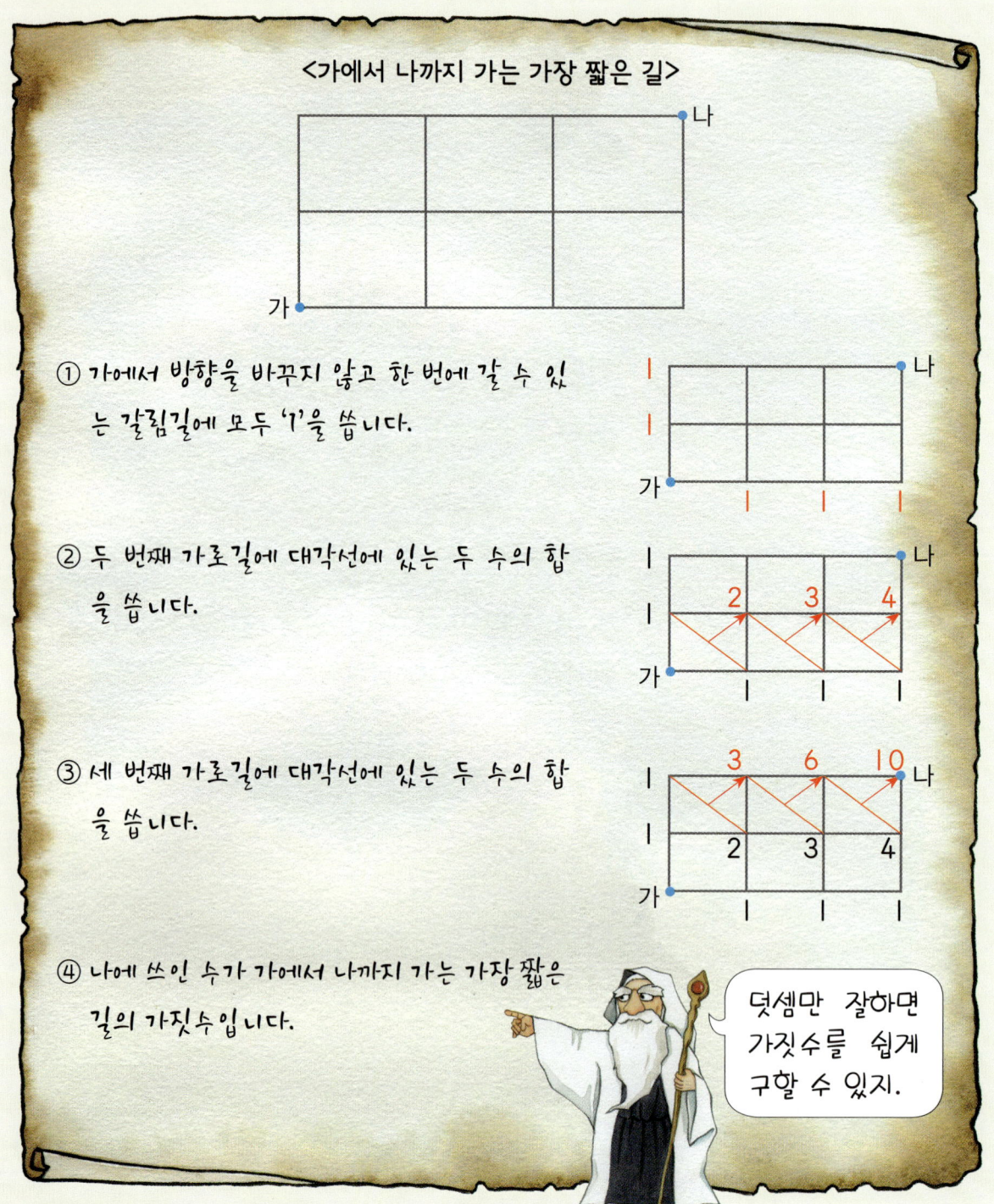

<가에서 나까지 가는 가장 짧은 길>

① 가에서 방향을 바꾸지 않고 한 번에 갈 수 있는 갈림길에 모두 '1'을 씁니다.

② 두 번째 가로길에 대각선에 있는 두 수의 합을 씁니다.

③ 세 번째 가로길에 대각선에 있는 두 수의 합을 씁니다.

④ 나에 쓰인 수가 가에서 나까지 가는 가장 짧은 길의 가짓수입니다.

덧셈만 잘하면 가짓수를 쉽게 구할 수 있지.

가에서 나까지 가는 가장 짧은 길을 구하려고 합니다. 갈림길의 ☐ 안에 알맞은 수를 써넣고, 가장 짧은 길의 가짓수를 구하시오.

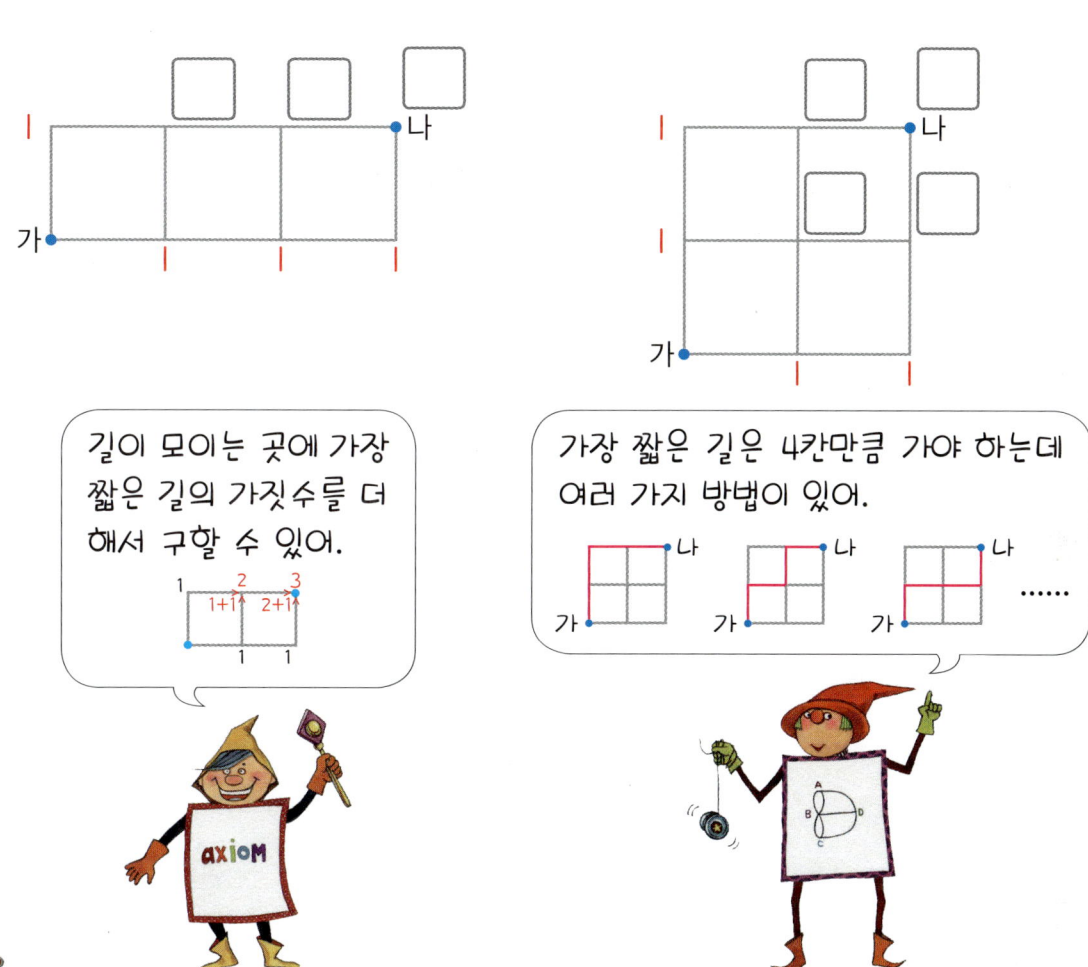

길이 모이는 곳에 가장 짧은 길의 가짓수를 더해서 구할 수 있어.

가장 짧은 길은 4칸만큼 가야 하는데 여러 가지 방법이 있어.

지름길이 있는 경우와 가지 못하는 길이 있는 경우, 가야 하는 길만 다시 그려서 생각합니다.

[지름길이 있는 경우]

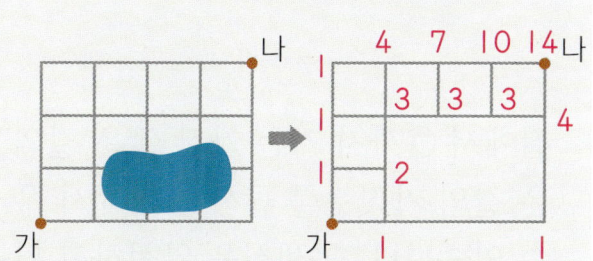

지름길까지 가는 가장 짧은 길과 지름길에서 목적지까지 가는 가장 짧은 길만 다시 그립니다.

[가지 못하는 길이 있는 경우]

가지 못하는 길은 지우고 다시 그립니다.

 # 지름길

지름길이 있는 지도를 보고 집에서 우체국까지 가는 가장 짧은 길의 가짓수를 구해 봅시다.

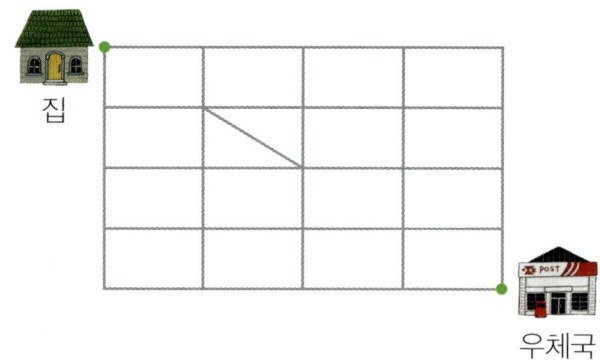

❶ 집에서 ㉠까지 가는 가장 짧은 길을 그렸습니다. ㉡에서 우체국까지 가는 가장 짧은 길을 그려 보시오.

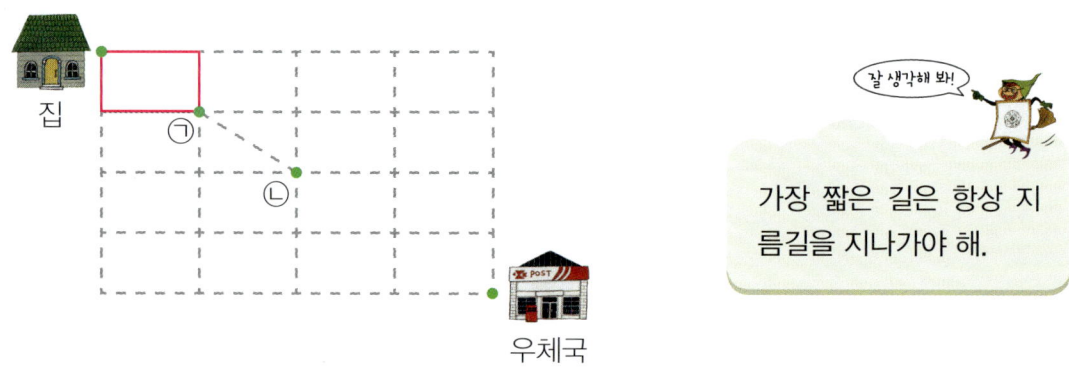

> 잘 생각해 봐!
>
> 가장 짧은 길은 항상 지름길을 지나가야 해.

❷ 집에서 ㉠까지 가는 가장 짧은 길의 가짓수와 ㉡에서 우체국까지 가는 가장 짧은 길의 가짓수를 각각 구하시오.

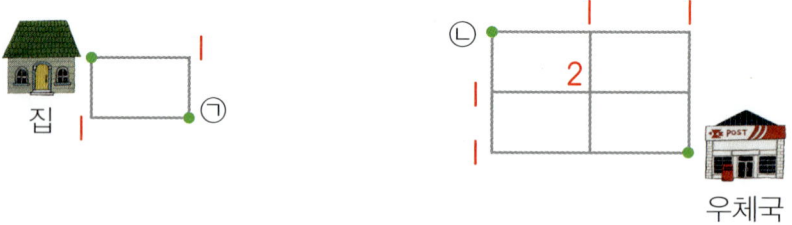

❸ 집에서 ㉠까지 가는 가장 짧은 길의 가짓수와 ㉡에서 우체국까지 가는 가장 짧은 길의 가짓수를 곱하면 집에서 우체국까지 가는 가장 짧은 길의 가짓수를 알 수 있습니다. 곱셈식을 완성하고 답을 구하시오.

$$\boxed{2} \times \boxed{} = \boxed{} \ (가지)$$

[가장 짧은 길 찾기]

1 태경이와 초이가 각자 집까지 갈 때, 가장 짧은 길을 그려 보시오.

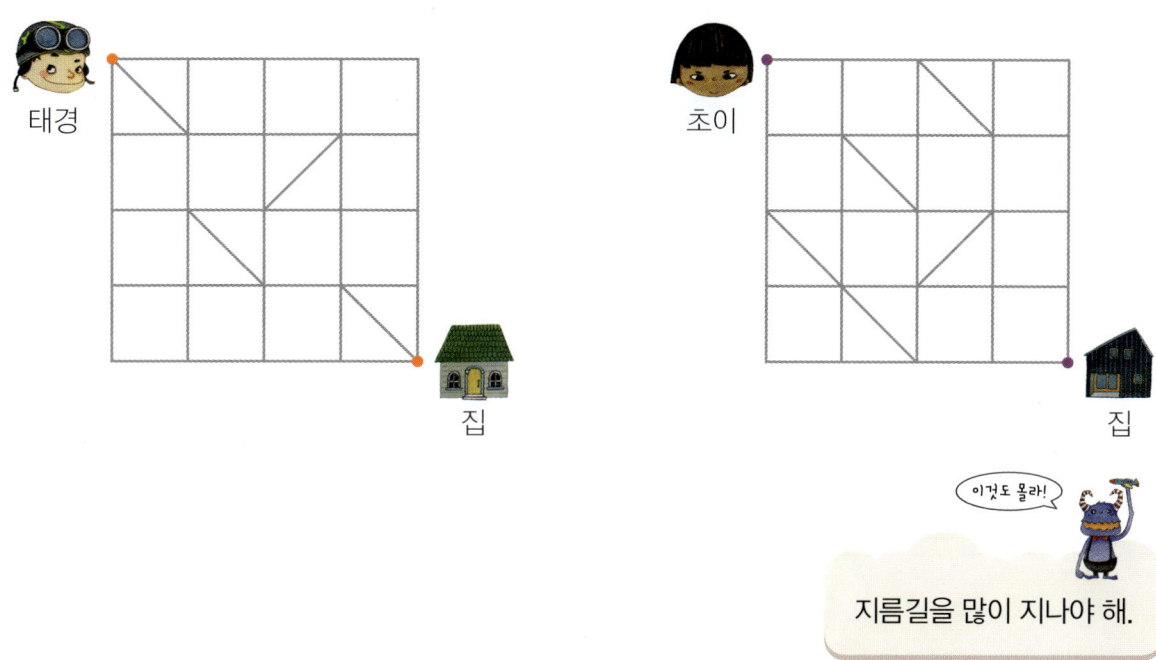

이것도 몰라!

지름길을 많이 지나야 해.

[가장 짧은 길로 가는 방법]

2 장난 요괴가 마법 방망이가 있는 곳까지 가려고 합니다. 가장 짧은 길로 가는 방법은 모두 몇 가지인지 구하시오.

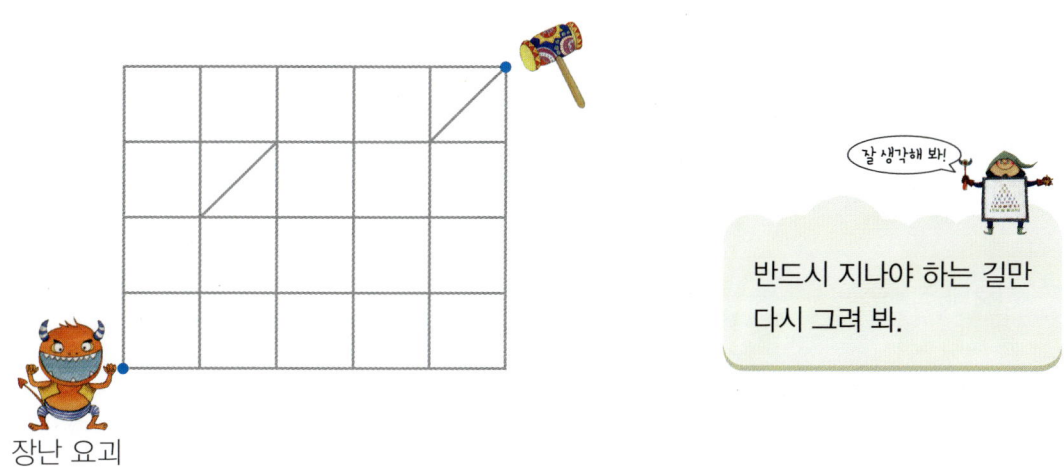

잘 생각해 봐!

반드시 지나야 하는 길만
다시 그려 봐.

갈 수 없는 길

지오네 집과 태경이네 집 사이에 큰 호수가 있습니다. 지오네 집에서 태경이네 집까지 가는 가장 짧은 길의 가짓수를 구해 봅시다.

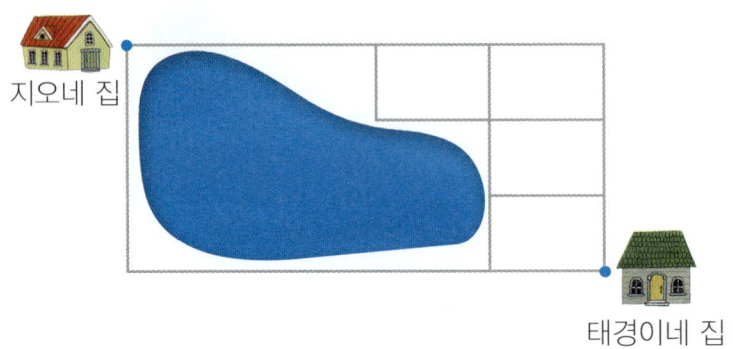

❶ •으로 표시된 지점까지 갈 수 있는 가장 짧은 길의 가짓수를 ☐ 안에 써넣으시오.

• 로 표시된 지점은 길이 모이는 곳이 아니야.

지오

❷ 길이 모이는 곳에 가장 짧은 길의 가짓수를 더해 ☐ 안에 써넣으시오. 지오네 집에서 태경이네 집까지 가는 가장 짧은 길은 모두 몇 가지입니까?

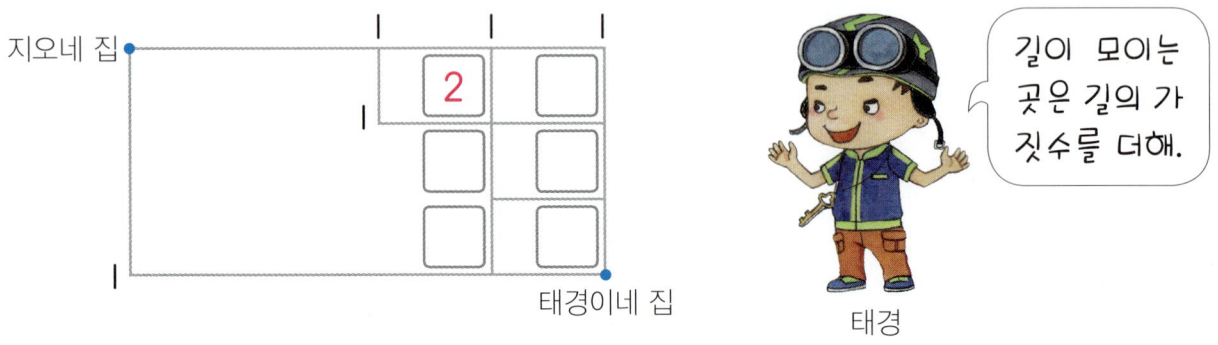

길이 모이는 곳은 길의 가짓수를 더해.

태경

[요괴 피해 가기]

1 초이는 집에서 어머니 심부름으로 마트에 갑니다. 요괴가 있는 곳을 피해서 마트까지 가는 가장 짧은 길은 모두 몇 가지인지 구하시오.

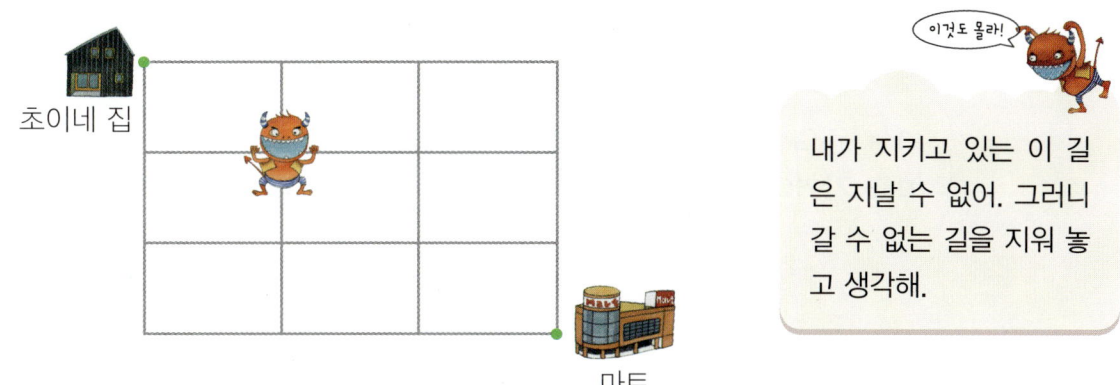

[호수 피해 가기]

2 다음과 같이 도로 중간에 큰 호수가 있습니다. 버스가 공원까지 가는 가장 짧은 길은 모두 몇 가지인지 구하시오.

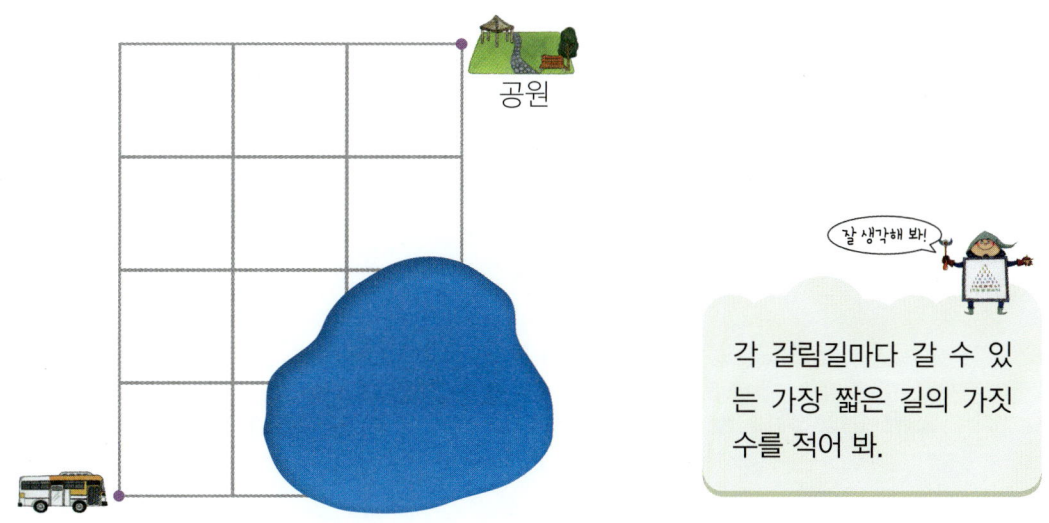

특별한 모양의 가장 짧은 길

먹이를 구하러 나온 개미가 캔 묶음 위에 올라갔다가 따져 있는 캔 하나를 발견하였습니다.

초록색 점은 캔의 둘레를 똑같이 넷으로 나눈 것입니다. 둘레를 따라 점과 점 사이의 거리를 1이라고 할 때 개미가 있는 곳에서 가까지의 가장 짧은 거리를 구하시오.

개미가 가까지 가는 가장 짧은 길을 모두 그려 보시오.

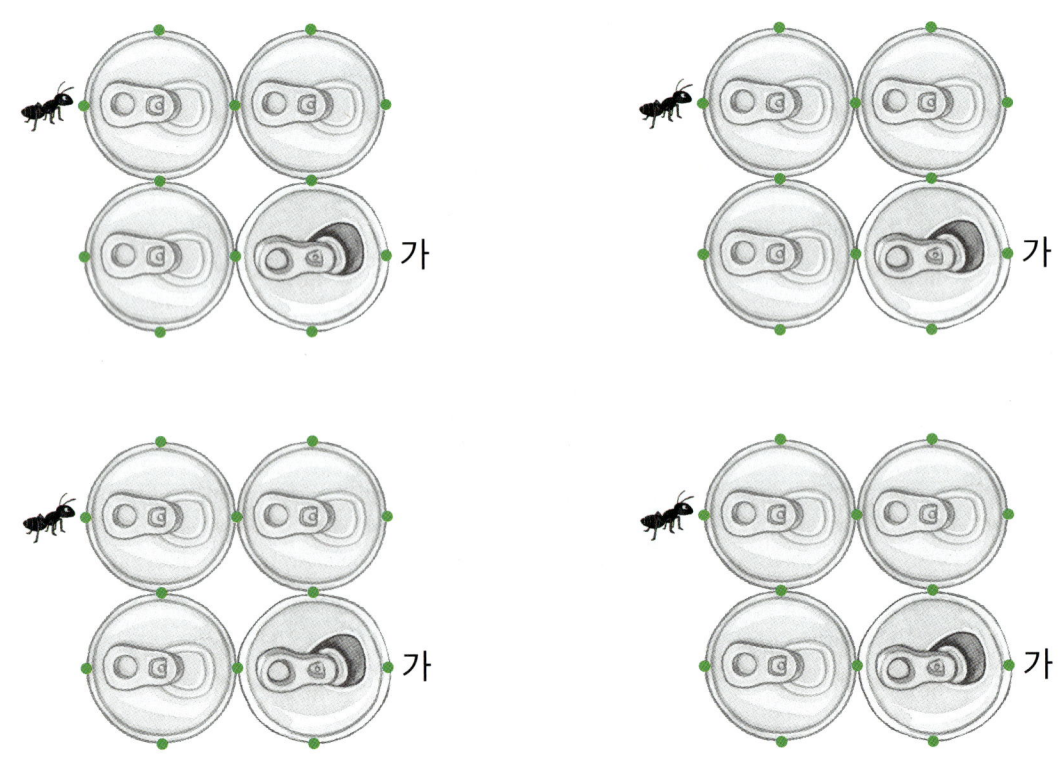

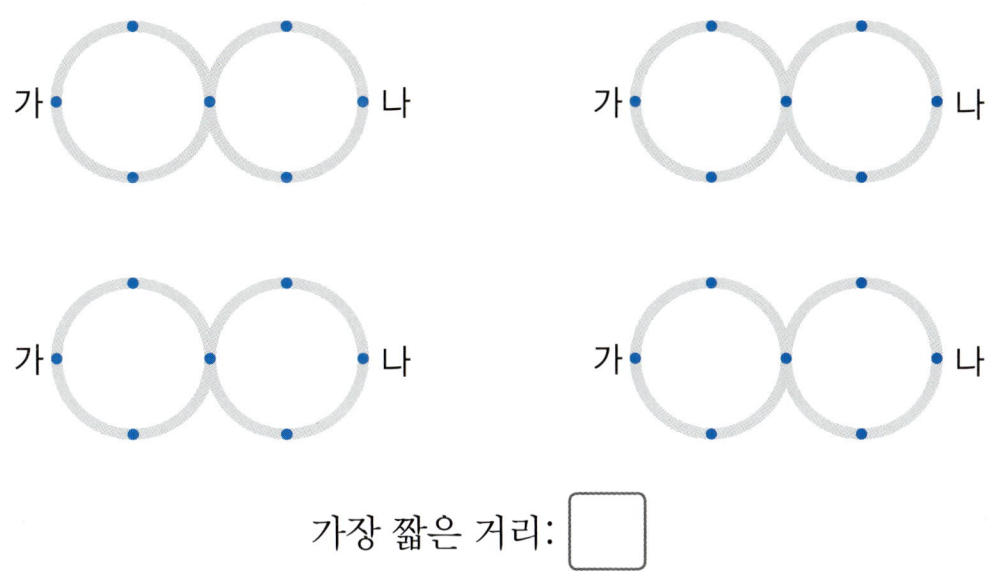 원의 둘레를 따라 점과 점 사이의 거리를 |이라고 할 때, 가에서 나까지의 가장 짧은 길의 거리를 구하고, 가장 짧은 길을 모두 그려 보시오.

가장 짧은 거리: ☐

노크 포인트

특별한 모양의 가장 짧은 길을 찾는 문제는 가장 짧은 길의 거리를 구하고, 길을 하나씩 그려서 찾을 수 있습니다.

다음 그림에서 점과 점 사이의 거리를 |이라고 하면 개미가 벌집을 찾아가는 가장 짧은 길의 거리는 5입니다. 거리가 5인 길을 모두 그려 보면 4가지가 있습니다.

재미있는 모양의 길

벌집에 놀러 온 개미가 벌이 흘린 꿀을 발견했습니다. 개미가 꿀이 있는 곳까지 가는 가장 짧은 길을 모두 알아봅시다.

❶ 벌집의 한 변의 길이를 l이라고 했을 때, 꿀이 있는 곳까지 가는 가장 짧은 길의 거리를 구하시오.

❷ 개미가 꿀이 있는 곳까지 가는 가장 짧은 길을 모두 그려 보시오.

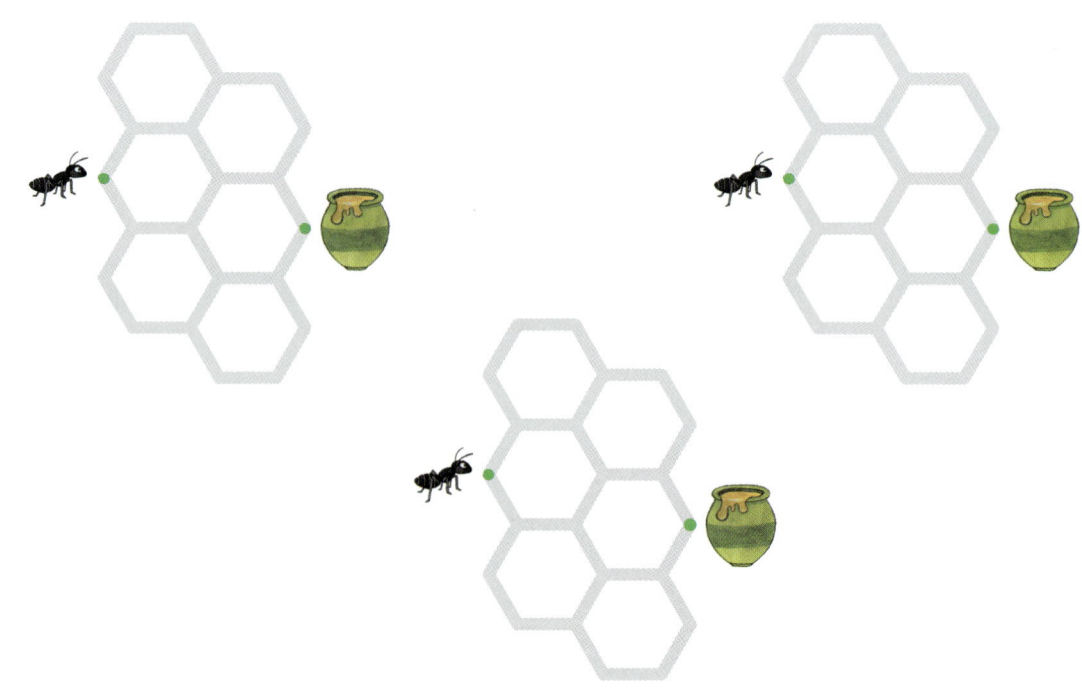

1 가에서 나까지 가는 가장 짧은 길을 모두 그릴 때, 한 번도 지나지 않게 되는 길은 모두 몇 개인지 구하시오.

길이 놓인 방향을 보면 짧은 길을 그려 보지 않아도 지나지 않는 길이 보여.

이것도 몰라!

[가장 짧은 길]

2 거북이가 토끼가 있는 곳까지 찾아가는 가장 짧은 길을 모두 그리시오.

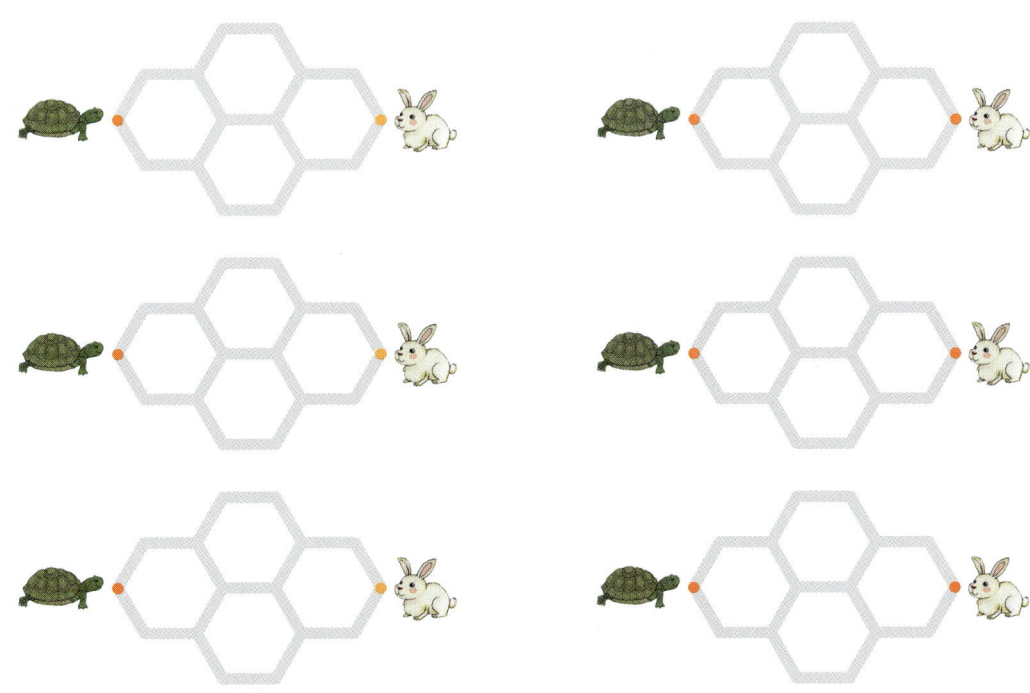

주사위 모양의 길

철사로 만든 모양의 한쪽 끝에는 개미, 다른 쪽 끝에는 꿀이 있습니다. 꿀 냄새를 맡은 개미가 꿀을 찾아가는 가장 짧은 길은 몇 가지인지 알아봅시다.

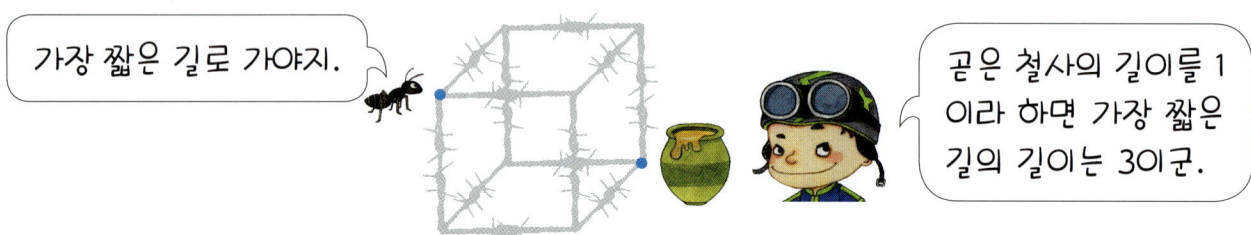

가장 짧은 길로 가야지.

곧은 철사의 길이를 1이라 하면 가장 짧은 길의 길이는 3이군.

❶ •이 표시된 지점은 개미가 철사를 따라 방향을 바꾸지 않고 갈 수 있는 곳입니다. ☐ 안에 길의 가짓수를 써넣으시오.

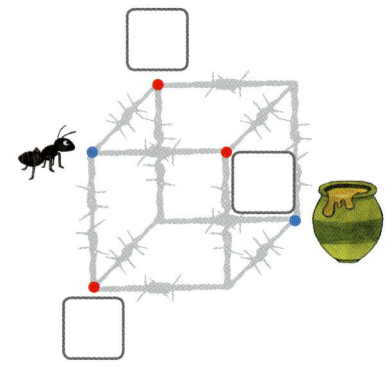

❷ •이 표시된 지점은 •이 표시된 지점에서 길이 모이는 곳이고, 꿀이 있는 지점은 •이 표시된 지점에서 길이 모이는 곳입니다. ☐안에 길의 가짓수를 써넣고, 개미가 꿀을 찾아가는 가장 짧은 길의 가짓수를 구하시오.

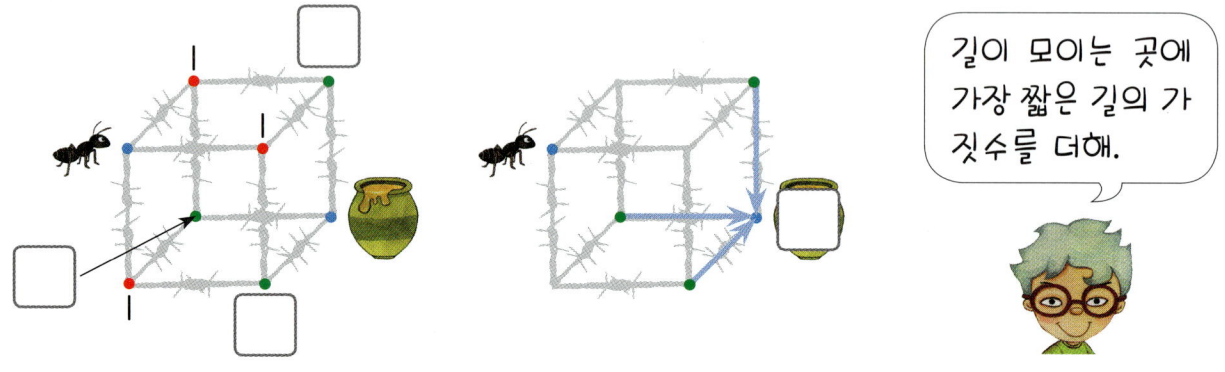

길이 모이는 곳에 가장 짧은 길의 가짓수를 더해.

1 개미가 철사로 만든 길을 따라 과자를 가지고 벌집까지 가는 가장 짧은 길은 모두 몇 가지입니까?

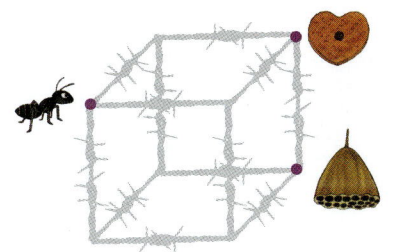

개미가 과자까지 가는 길, 과자에서 벌집까지 가는 길로 나누어서 생각해 봐.

[가장 짧은 길]

2 철사로 만든 길을 따라 가에서 나까지 이동하는 가장 짧은 길은 모두 몇 가지인지 구하시오.

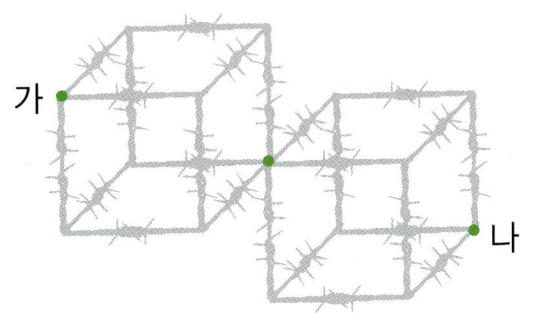

가에서 가운데 점, 가운데 점에서 나까지 가는 길의 가짓수를 구한 후, 어떻게 하면 될까?

3 조건이 있는 길

꼬마 요괴들이 돌다리를 건너 이웃 마을에 가려고 합니다. 꼬마 요괴들이 돌다리를 건너갈 수 있는 방법을 알아봅시다.

1번 돌다리에서 시작해서 6번 돌다리에 도착해야 해. 난 안전하게 1번-2번-3번-4번-5번-6번으로 가야지.

멍하니 요괴

한 번에 1 큰 수 또는 2 큰 수가 쓰인 돌다리로만 갈 수 있어. 난 1번-3번-5번-6번.

딴소리 요괴

거꾸로 갈 수는 없어. 3번에서 2번 또는 1번으로 가서는 안 돼.

거꾸로 요괴

2번 돌다리로 가는 방법은 1번에서 가는 1가지 방법뿐입니다. 3번 돌다리로 가는 방법은 몇 가지입니까?

4번 돌다리로 가는 방법은 2번에서 가는 방법의 수와 3번에서 가는 방법의 수를 더하면 됩니다. 4번 돌다리로 가는 방법은 모두 몇 가지입니까?

1번 돌다리에서 6번 돌다리로 가는 방법은 모두 몇 가지입니까?

꿀벌이 1번 방에서 번호가 큰 방으로 이동하여 출구로 나가려고 합니다. 꿀벌이 이동하는 방법은 모두 몇 가지입니까?

4번 방으로 가려면
1-2-3-4,
1-2-4,
1-3-4,
3가지 방법이 있군.

딴짓 요괴

5번 방으로 가려면 3번 방에서 가는 방법과 4번 방에서 가는 방법이 있어.

잠만자 요괴

노크 포인트

특정한 곳까지 가는 길의 가짓수는 그 전까지 지나온 길의 가짓수를 더해서 구할 수 있습니다.

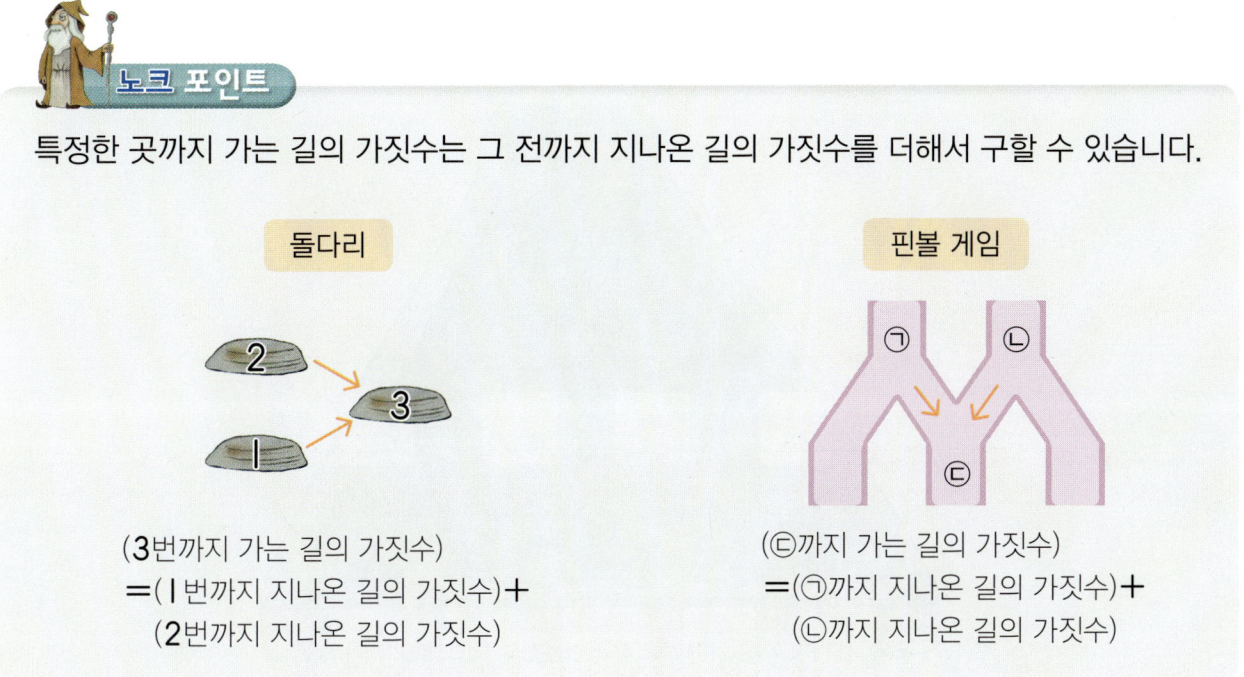

돌다리

(3번까지 가는 길의 가짓수)
=(1번까지 지나온 길의 가짓수)+
(2번까지 지나온 길의 가짓수)

핀볼 게임

(ⓒ까지 가는 길의 가짓수)
=(㉠까지 지나온 길의 가짓수)+
(ⓒ까지 지나온 길의 가짓수)

핀볼 게임

구슬을 넣으면 아래로 떨어져서 5개의 출구 중 하나로 나오는 핀볼 게임이 있습니다. 구슬은 장애물을 피해 아래로 내려오게 됩니다. 각 출구로 나오는 길의 가짓수를 구해 봅시다.

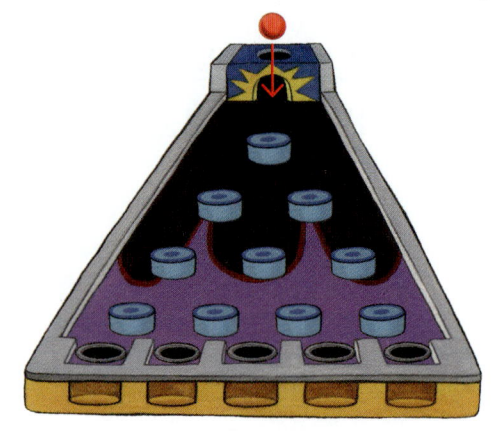

❶ 오른쪽은 게임판의 일부입니다. 구슬이 **가**까지 내려오는 길의 가짓수를 구하시오.

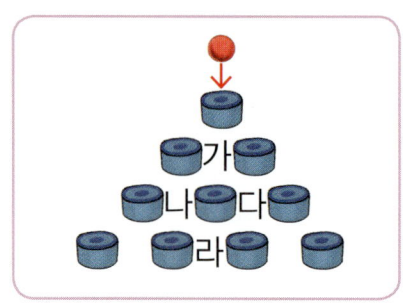

❷ 구슬이 **나**와 **다**까지 내려오는 길의 가짓수를 각각 구하시오.

❸ (구슬이 **라**까지 내려오는 길의 가짓수)=(**나**까지 내려오는 길의 가짓수)+(**다**까지 내려오는 길의 가짓수)입니다. 같은 방법으로 다음 ☐ 안에 알맞은 수를 써넣으시오.

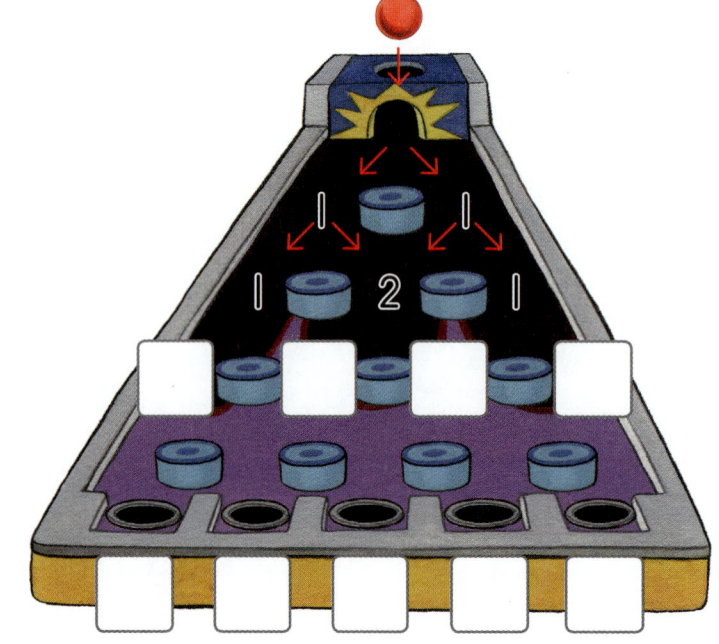

1 [대나무 숲 산책]
아인이네 반 학생들은 체험학습을 가서 산책로를 지나려고 합니다. 그림에서 보이는 대나무의 오른쪽이나 왼쪽을 선택하여 지나면서 산책할 수 있는 길은 모두 몇 가지입니까?

2 [구슬이 이동하는 길]
다음과 같이 막대가 가로막고 있는 통 안의 맨 위에 구슬을 놓았습니다. 구슬이 아래로 떨어질 때까지 이동하는 서로 다른 길은 모두 몇 가지입니까?

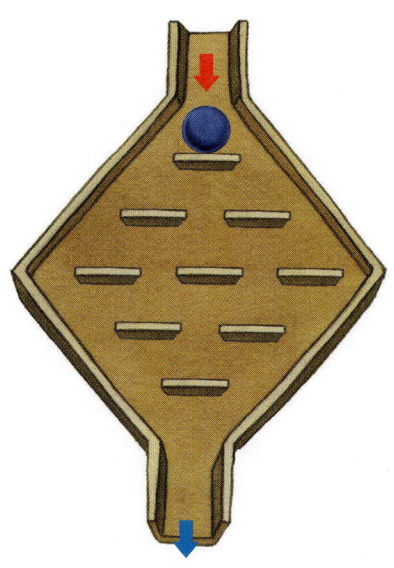

🦎 일방통행

화살표는 차가 한쪽 방향으로만 갈 수 있는 일방통행을 나타냅니다. 차가 집까지 가는 가장 짧은 길의 가짓수를 구해 봅시다.

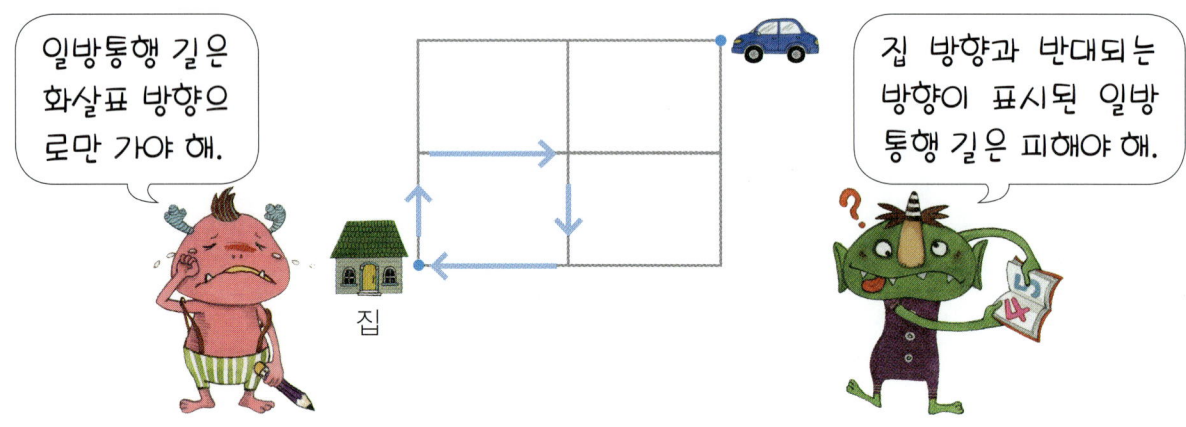

❶ 일반통행 길의 방향을 보고 차가 가장 짧은 길을 따라 집으로 갈 때, 지나지 않는 길을 뺀 나머지 길을 그리시오.

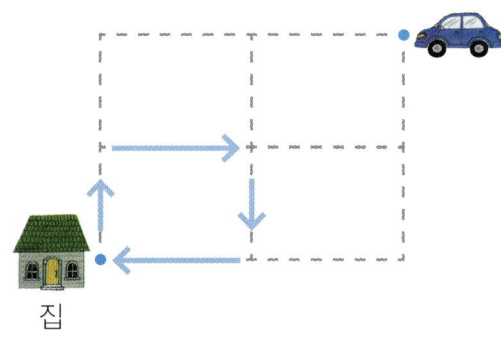

❷ ❶에서 그린 길 위에 갈림길마다 가짓수를 적어가며 집까지 가는 가장 짧은 길의 가짓수를 구하시오.

1 [가장 짧은 길]

지오가 자전거를 타고 공원까지 가는 길에 화살표 방향으로만 갈 수 있는 일방통행 길이 있습니다. 지오가 공원에 가는 가장 짧은 길은 모두 몇 가지입니까?

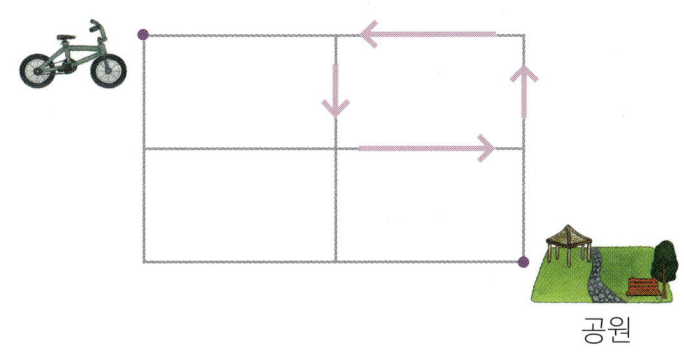

공원

2 [일방통행이 있는 길]

화살표가 그려진 길은 화살표 방향으로만 갈 수 있는 일방통행을 나타냅니다. 가 지점에서 나 지점까지 가는 가장 짧은 길은 몇 가지인지 구하시오.

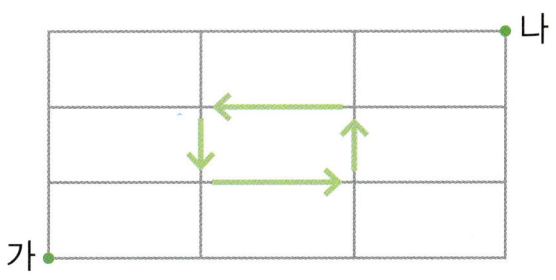

가에서 나까지 갈 때 지나지 않는 일방통행 길을 지우고 생각해 보렴.

1 지오네 집에서 학교까지 가는 가장 짧은 길의 가짓수를 구하시오.

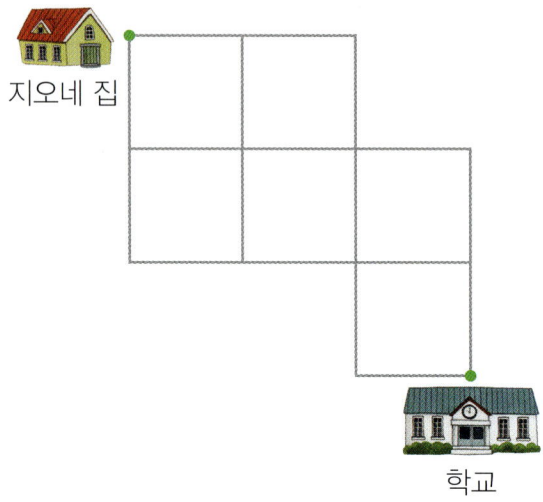

2 초이네 집에서 아인이네 집까지 가는데 반드시 다리를 지나서 가려고 합니다. 가장 짧은 길은 몇 가지가 있는지 구하시오.

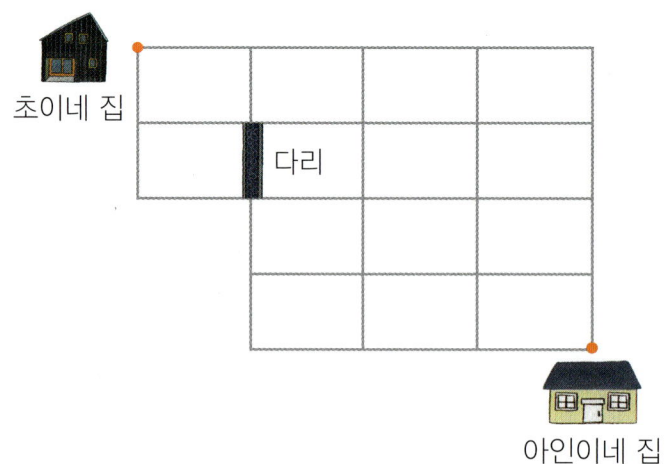

3 다음과 같은 기둥의 빨간선을 따라 가 지점에서 나 지점까지 가는 가장 짧은 길은 모두 몇 가지인지 구하시오.

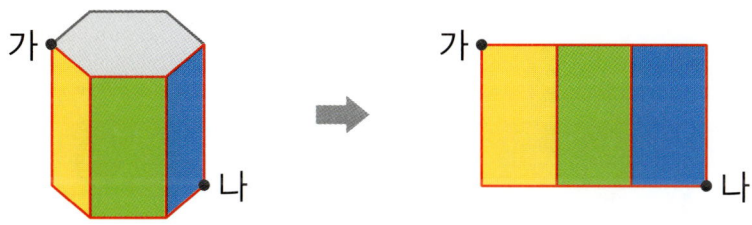

4 개구리가 1번 연잎에서 시작하여 1 큰 수 또는 2 큰 수가 적힌 연잎으로 건너 뛰어 8번 연잎까지 가는 방법은 모두 몇 가지입니까?

Chapter 2

리그와 토너먼트

토너먼트

중세 시대 유럽에는 말을 탄 기사들이 무술 실력을 겨루어 1등을 가리는 토너먼트라는 시합이 있었습니다.

> 토너먼트는 말을 타고 하는 시합이기 때문에 진 사람은 크게 다쳐 시합을 다시 할 수 없었어. 그래서 이긴 사람끼리만 다시 경기를 했어.

아인

태경

> 토너먼트는 한 번 지면 무조건 탈락이네.

토너먼트는 한 번 지면 시합할 기회를 다시 얻을 수 없기 때문에 모든 경기를 이긴 사람이 우승자가 됩니다.

다음은 4명의 기사가 펼친 토너먼트의 대진표입니다. 우승자를 가리기 위해서 시합을 모두 몇 번 해야 합니까?

⑧ 2개씩 짝지은 것 중 더 좋아하는 것을 골라 위쪽에 이름을 쓰고 고르지 않은 것에는 ✕표 합니다. 마지막 하나를 골랐을 때, ✕표 한 것은 모두 몇 개입니까?

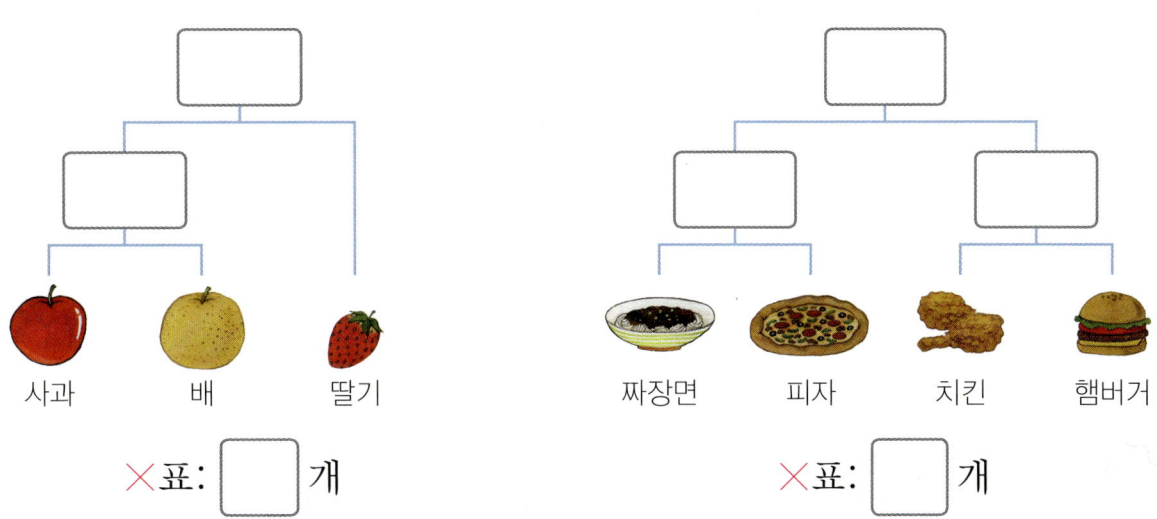

사과 배 딸기

✕표: ☐ 개

짜장면 피자 치킨 햄버거

✕표: ☐ 개

 **노크 포인트**

토너먼트는 진 팀은 탈락하고 이긴 팀끼리 경기를 하여 우승팀을 가리는 경기 방식을 말합니다. 토너먼트 방식으로 경기를 할 때 어떤 팀끼리 경기를 할지 아래와 같이 나타낸 그림을 대진표라고 합니다.

가 나 다 라

토너먼트는 경기에서 진 팀이 탈락하기 때문에 경기에서 진 팀의 수를 세면 경기 횟수를 알 수 있습니다. 4팀이 경기를 해서 우승팀을 가리려면 우승팀을 제외한 팀들이 경기에서 모두 한 번씩 지기 때문에 진 팀의 수가 바로 경기 횟수가 되는 것입니다.

(총 경기 횟수) = (진 팀 수) = (전체 팀 수) − 1

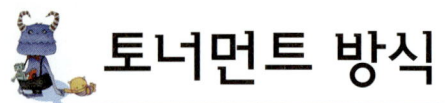

토너먼트 방식

토너먼트 방식으로 우승자를 가리는 어린이 바둑 대회에 8명이 참가하였습니다. 경기 횟수를 구하고 최종 우승자는 몇 번을 이겼는지 대진표를 그려 알아봅시다.

❶ 1명의 우승자가 정해지려면 몇 명이 탈락해야 합니까?

❷ 바둑 대회는 총 몇 경기가 열립니까?

❸ 8명의 대진표를 완성해 보시오.

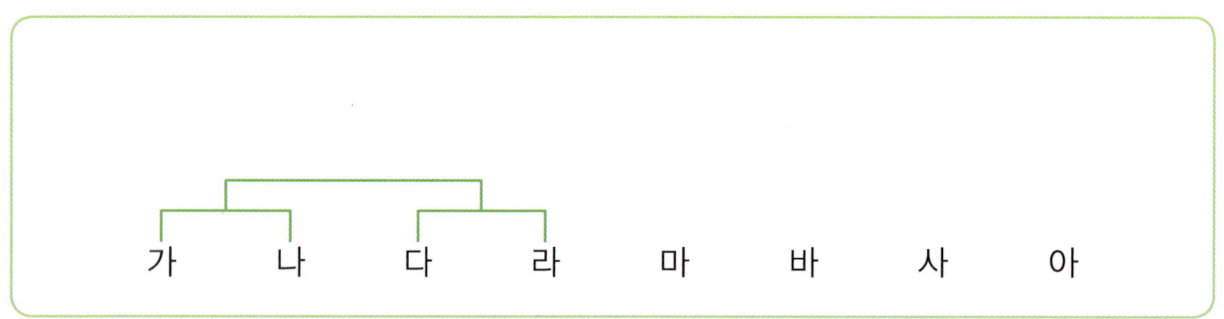

가   나   다   라   마   바   사   아

❹ 어린이 바둑 대회의 최종 우승자는 아인입니 다. 아인이는 모두 몇 번을 이겼습니까?

바둑은 수학 실력 에 도움이 되지.

1

[가위바위보]

태경이네 반 학생 16명이 토너먼트 방식으로 가위바위보를 하였습니다. 태경이가 게임에서 1등을 하였다면, 태경이가 이긴 학생은 모두 몇 명입니까?

  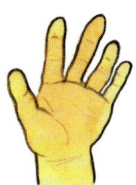

이것도 몰라!

대진표를 그려 보면 바로 알 수 있지!

2

[탁구 경기가 끝나는 날]

12명의 선수들이 토너먼트 방식으로 탁구 경기를 하려고 합니다. 5월 14일부터 시작하여 하루에 두 경기씩만 진행하고 마지막 날은 결승전만 치른다고 할 때, 결승전을 하는 날짜를 구하시오.

잘 생각해 봐!

경기를 몇 번 해야 하는지에 따라 끝나는 날짜가 결정되겠지.

🐢 대진표 완성하기

지오네 학교에서 3학년 줄다리기 대회가 열렸습니다. 다음을 보고 대진표를 완성해 봅시다.

① 지오네 학교 3학년은 1반부터 4반까지 있습니다.
② 2반의 성적은 1승 1패입니다.
③ 3반은 첫 번째 경기에서 4반에게 졌습니다.

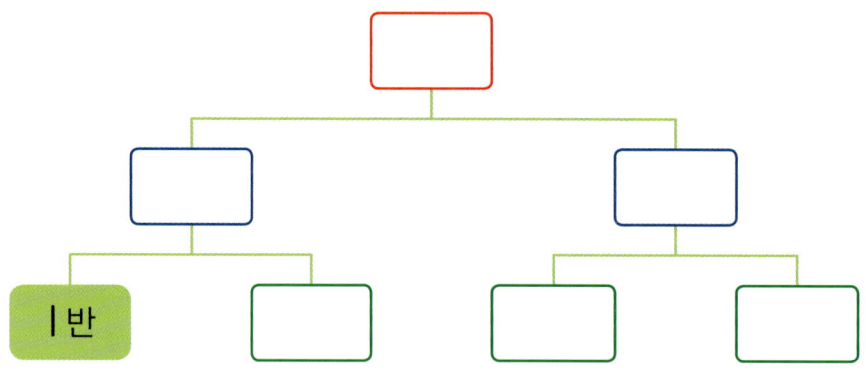

❶ ③번을 보고 ☐ 안에 알맞은 반을 써넣으시오.

3반이 4반과 첫 번째 경기를 했으면 1반은 2반과 첫 번째 경기를 한거야.

❷ ②번과 ③번을 보고 ☐ 안에 첫 번째 경기에서 이긴 반을 써넣으시오.

❸ 줄다리기에서 최종 우승한 반을 ☐ 안에 써넣으시오.

[대진표 완성하기]

1 3개의 농구팀 가, 나, 다가 토너먼트 방식으로 경기를 하였습니다. 다음을 보고 대진표를 완성하시오.

- 나 팀은 경기를 1번 하였습니다.
- 가 팀은 경기를 2번 하였습니다.
- 가 팀은 다 팀에게 졌습니다.

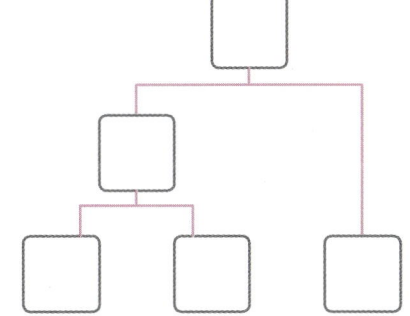

[퀴즈 대결 토너먼트]

2 아인이네 반 6명이 토너먼트 방식으로 최후의 1인을 뽑는 퀴즈 대결을 하였습니다. 결과를 보고 대진표의 빈칸에 알맞은 사람의 이름을 쓰시오.

- 초이는 두 번째 대결을 지오와 하여 이겼습니다.
- 범상이는 한 번만 대결을 하였습니다.
- 태경이는 초이와 대결을 해서 이겼습니다.

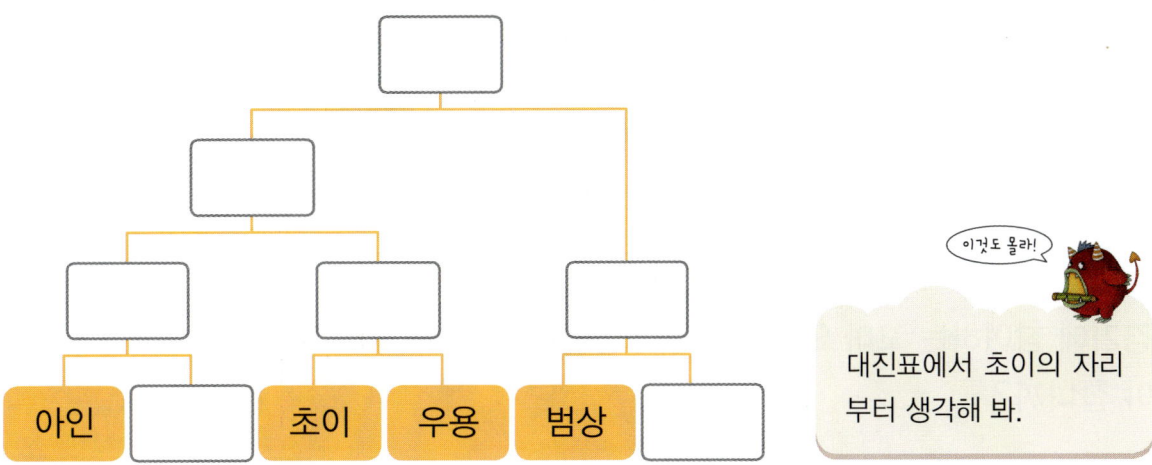

이것도 몰라!

대진표에서 초이의 자리부터 생각해 봐.

대마왕이 꼬마 요괴들의 마법 대회를 개최한다고 합니다.

토너먼트 방식으로 마법대회를 열 것이다. 가장 성적이 좋은 두 요괴에게 마법 방망이를 각각 1개씩 주겠다.

마법 실력은 딴짓 요괴가 일등이고 내가 두 번째인데 운 나쁘게 딴짓 요괴와 처음 경기를 하면 바로 탈락이야. 엉엉~

대마왕

울보 요괴

대마왕은 울보 요괴의 이야기를 듣고 경기 방식을 바꾸기로 합니다.

그렇다면 모든 요괴들은 다른 요괴들과 한 번씩 경기를 하여라.

내가 마법 실력은 최고지. 우리 꼬마 요괴는 모두 8명이니 나는 7번 경기를 해야하네. 너무 귀찮아.

딴짓 요괴

경기에 참여하는 꼬마 요괴는 모두 8명입니다. 각 꼬마 요괴는 각각 몇 번씩 경기를 해야 합니까?

마법 대회는 하루에 |번씩 열립니다. 마법 대회는 며칠 동안 열리게 됩니까?

토너먼트 방식은 7일이면 끝나는데⋯⋯. 이 방식은 공평하긴 한데 너무 오래 걸리는군.

각 꼬마 요괴가 7번씩 경기를 하니까 모두 7×8=56(번) 경기 해야 해.

태경아, 잘 생각해 봐. 한 경기를 2명이서 하잖아.

노크 포인트

리그는 모든 팀이 서로 한 번씩 경기하여 순위를 결정하는 경기 방식입니다.

4사람이 리그 방식으로 경기를 할 때 (총 경기 횟수)=3+2+1=6(번)입니다.

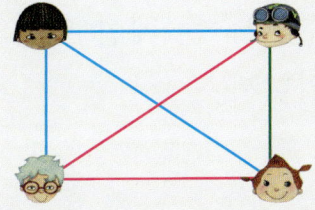

즉, ☐명이 리그 방식으로 경기를 할 때, (총 경기 횟수)=1+2+⋯+(☐-1)입니다.
또한, 4사람이 각각 3번씩 경기를 하고, 한 경기를 2사람이 하므로
(총 경기 횟수)=4×3÷2=6(번)의 방법으로도 구할 수 있습니다.

 승, 무, 패

4개 국가의 올림픽 하키 예선 리그의 경기 결과입니다. 표를 완성하여 봅시다.

순위	국가	승	무	패
1	한국			0
2	터키	1		
3	이란	1	1	1
4	호주	0	0	3

표가 물에 젖어 지워졌군.

❶ 리그는 각 팀이 나머지 팀과 모두 경기를 하는 방식입니다. 터키는 모두 몇 번 경기를 합니까?

❷ 터키는 이란보다 순위가 높습니다. 터키의 성적은 1승 몇 무 몇 패입니까?

❸ 리그의 모든 경기에서 승리한 횟수는 패한 횟수와 같습니다. 한국은 몇 승 몇 무입니까?

잘 생각해 봐!

승리한 팀이 있으면 패배한 팀이 있는 거지. 당연히 승리한 횟수와 패배한 횟수는 같은 거란다.

[가위바위보]

1 다음 표는 지오네 모둠 4명이 리그 형식으로 가위바위보를 한 결과입니다. 지오의 경기 결과를 쓰시오.

모두 3번씩 경기를 했어.

승과 패의 수가 같아야 해.

이름 \ 결과	승	무	패
초이	l	l	l
태경	l	0	2
아인	l	l	l
지오		0	

[점수 계산하기]

2 가, 나, 다, 라 네 팀이 리그 방식으로 피구 경기를 하였습니다. 이기면 4점, 비기면 2점을 받고, 지면 점수를 받지 못합니다. 가, 나, 다 팀의 점수가 다음과 같을 때, 라 팀의 점수를 구하시오.

가 팀: 6점   나 팀: 8점   다 팀: 4점

잘 생각해 봐!

경기를 모두 6번 하는데, 경기를 할 때마다 점수의 합이 4점씩 생기는 거야.

리그와 토너먼트

월드컵 축구 대회 본선에서는 리그와 토너먼트 방식을 함께 사용하여 우승팀을 가립니다.

- 본선에 출전한 32개 팀은 4팀씩 묶어 8조로 나눕니다.
- 각 조별로 리그 방식으로 경기를 하여 2팀씩 뽑습니다.
- 뽑힌 16개 팀은 토너먼트 방식으로 경기를 하여 우승팀을 가립니다.

한 조에 4팀이 리그전을 하는구나.

리그전을 통해 뽑힌 16개 팀이 토너먼트만으로 우승을 가리지.

❶ 한 조에서 4팀이 리그전을 치릅니다. 각 조는 몇 번 경기를 합니까?

❷ 리그 방식의 총 경기 횟수를 구하시오.

❸ 조별 경기에서 뽑힌 16개 팀이 토너먼트 방식으로 경기를 치릅니다. 토너먼트 방식으로 모두 몇 번 경기를 합니까?

❹ 토너먼트 방식에서는 3, 4위전이 없지만 월드컵 대회는 3, 4위전을 결승전 직전에 합니다. 월드컵 대회 기간 중 모두 몇 번 경기를 합니까?

[오목 대회의 경기 수]

1 아인이네 반에서 오목 대회를 개최하려고 합니다. 반 학생 20명을 똑같이 4개의 조로 나누어 각 조마다 리그 방식으로 예선전을 치르고, 각 조의 1, 2위가 모여 토너먼트 방식으로 우승자를 결정합니다. 총 경기 횟수는 몇 번입니까?

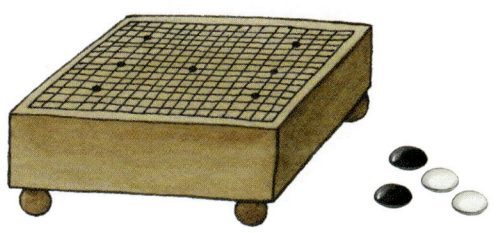

[결승전까지 남은 경기 수]

2 8개의 팀이 테니스 대회를 하는데 리그 방식으로 경기를 한 다음, 성적이 좋은 4개의 팀이 토너먼트 방식으로 경기를 하여 우승팀을 결정합니다. 현재 22경기가 진행되었다고 할 때, 우승팀이 나오기까지 경기를 몇 번 더 해야 합니까?

이것도 몰라!

4팀이 리그전을 하면 경기 수는
1+2+3=6(번)
5팀이 리그전을 하면 경기 수는
1+2+3+4=10(번)
6팀이 리그전을 하면 경기 수는
1+2+3+4+5=15(번)

6 지불할 수 있는 금액

초이와 친구들은 놀이공원에 놀러 갔다가 사격장에서 사격을 했습니다. 5발을 쏴서 맞힌 점수의 합에 맞게 선물을 받습니다.

점수	상품
0점~140점	꽝
150점~200점	작은 인형
210점~350점	큰 인형

초이는 사격이 끝난 후 작은 인형을 받았습니다.

난 몇 점을 받은 거지?

40점짜리 5발을 맞추면 200점이야.

나는 초이가 170점을 받지 않았다는 것을 알 수 있어.

초이가 받을 수 있는 점수를 표로 나타내었습니다. 표를 채우고 초이가 받을 수 있는 점수를 모두 쓰시오.

70점	40점	0점	점수
1	2	2	150
			160
			180
			190
0	5	0	200

다음과 같은 과녁에 3개의 화살을 맞혀서 15점이 되는 경우는 모두 몇 가지입니까?

주어진 동전으로 지불할 수 있는 금액을 구할 때에는 동전을 바꾸어 보면서 찾아볼 수 있습니다.

100원짜리, 500원짜리로 2000원을 만들 수 있는 경우

① 500원짜리 동전을 가장 많이 사용하는 경우는 $500 \times 4 = 2000$(원)으로 1가지입니다.

② 500원짜리 동전을 100원짜리 동전으로 바꾸는 경우는 500원짜리 동전이 3개, 2개, 1개, 0개인 경우로 나누어 생각하여 나머지 금액을 모두 100원짜리로 바꿉니다.

500원짜리 동전이 3개인 경우

③ 2000원을 만들 수 있는 모든 경우는 500원짜리 동전이 4개, 3개, 2개, 1개, 0개인 경우이므로 모두 5가지입니다.

가짓수 구하기

1000원짜리 지폐 한 장을 500원, 100원, 50원짜리 동전으로 바꾸려고 합니다. 바꾸는 방법은 모두 몇 가지인지 알아봅시다.

❶ ☐ 안에 알맞은 수를 써넣어 나뭇가지 그림을 완성하시오.

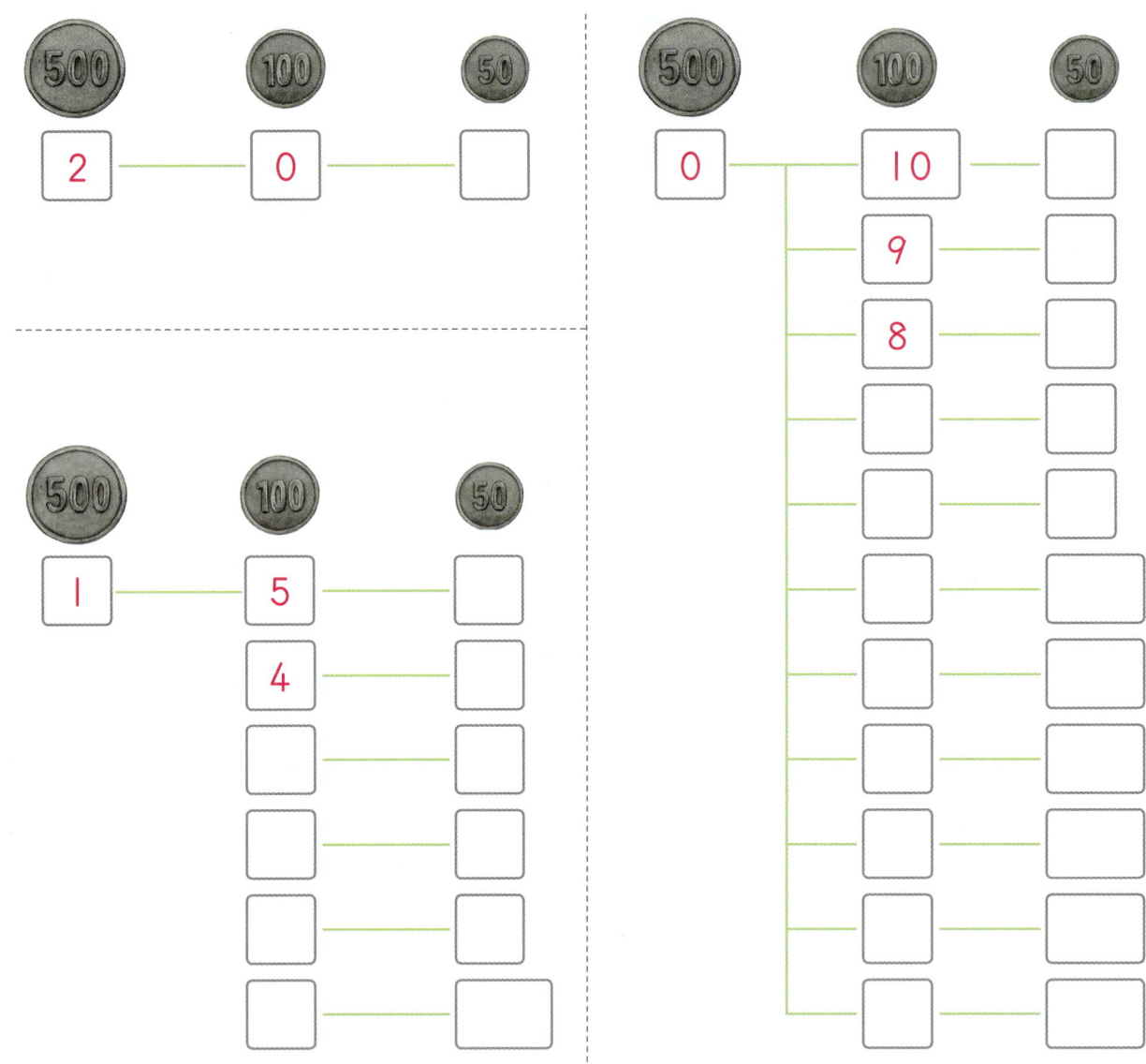

❷ 동전으로 바꾸는 방법은 모두 몇 가지입니까?

1 지오는 1500원짜리 공책을 사려고 합니다. 지오에게 50원, 100원, 500원짜리 동전이 각각 4개씩 있을 때, 공책 값을 낼 수 있는 방법은 모두 몇 가지 입니까?

동전을 몇 개씩 내면 1500원이 되는 거지?

[과녁의 점수]

2 다음과 같은 과녁에 화살 3발을 쏘아 모두 맞혔을 때, 얻을 수 있는 서로 다른 점수의 합은 모두 몇 가지입니까?

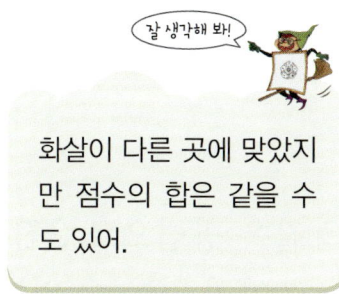

잘 생각해 봐!

화살이 다른 곳에 맞았지만 점수의 합은 같을 수도 있어.

🪲 나올 수 없는 점수

오른쪽 과녁에 화살을 여러 번 쏘았을 때, 나올 수 없는 점수를 알아봅시다.

화살을 1번 쏘면
3점,
5점

화살을 3번 쏘면
3+3+3=9점,
3+3+5=11점,
3+5+5=13점,
5+5+5=15점

화살을 2번 쏘면
3+3=6점,
3+5=8점,
5+5=10점

❶ 다음 중 화살을 쏘아서 나올 수 있는 점수에 모두 ◯표 하시오.

| 1 | 2 | 3 | 4 | 5 | 6 | 7 | 8 | 9 | 10 | 11 | 12 |

❷ 나올 수 있는 점수를 낮은 점수부터 늘어놓았을 때 연속된 세 점수는

8점   9점   10점

입니다. 위 점수에서 3점 과녁에 한 번씩 더 맞히면 각각 몇 점이 됩니까?

◻점, ◻점, ◻점

❸ 같은 방법으로 3점 과녁을 맞히면 8점부터는 모두 나올 수 있습니다. 화살을 쏘아서 나올 수 없는 점수를 모두 쓰시오.

1 다음과 같은 과녁에 화살을 여러 번 쏘아 나올 수 있는 점수에 모두 ◯표 하시오.

| 1 2 3 4 5 6 7 8 9 10 11 12 |

[숫자 카드로 만들 수 없는 수]

2 태경이는 2가지 숫자 카드를 여러 장씩 가지고 있습니다. 가지고 있는 숫자 카드의 합으로 만들 수 없는 수 중 가장 큰 수를 구해 보시오.

만들 수 있는 수를 작은 수부터 차례대로 쓰고, 연속으로 나오는 3개의 수를 찾아야 해.

창의적 문제해결력

1 태경이네 학교 남학생 32명이 토너먼트 방식으로 씨름을 했습니다. 태경이는 결승전에서 아깝게 져서 준우승을 차지하였습니다. 전체 씨름 경기에서 태경이가 참여하지 않은 경기는 모두 몇 번입니까?

2 어느 배구 경기가 리그 방식으로 진행되어 모두 21번 경기를 합니다. 만약 이 배구 경기가 토너먼트 방식으로 진행된다면 리그 방식보다 경기를 몇 번 적게 합니까?

3 길이가 각각 20 cm와 50 cm인 두 가지 종류의 막대가 여러 개 있습니다. 막대 여러 개를 겹치지 않게 이어 붙여 5 m 10 cm를 만드는 방법은 모두 몇 가지입니까? (단, 막대를 붙이는 순서가 달라도 막대의 개수가 같으면 같은 방법으로 봅니다.)

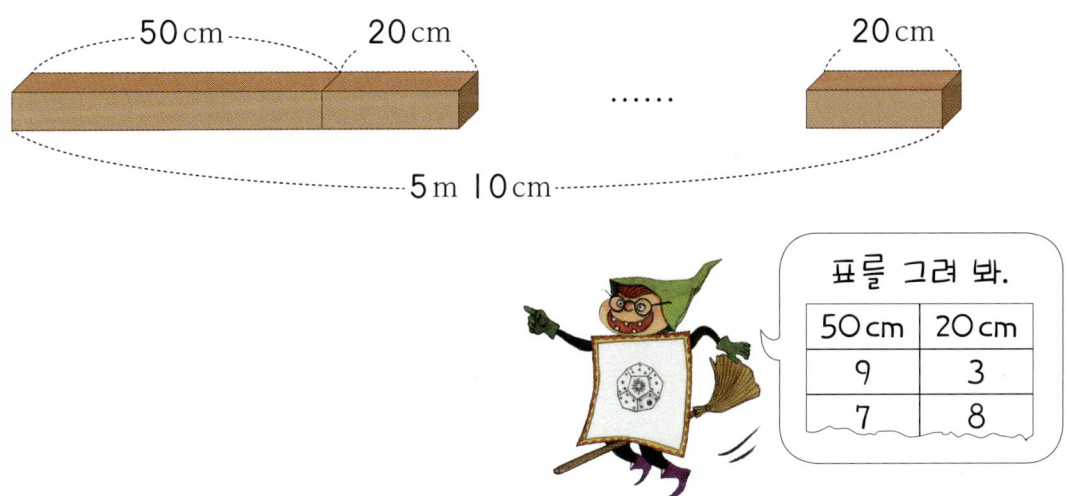

표를 그려 봐.

50 cm	20 cm
9	3
7	8

4 1, 2, 3이 적힌 숫자 카드가 8장씩 있습니다. 이중 8장을 사용하여 수의 합이 16이 되도록 만드는 서로 다른 방법은 몇 가지입니까?

Chapter 3

그래프

7 그림그래프

태경이와 초이는 같은 반 학생을 대상으로 받고 싶은 선물과 아이들의 장래 희망에 대해 조사한 후 발표하였습니다.

나는 받고 싶은 선물을 조사했어.

태경

받고 싶은 선물

책	＃＃ㅣ
블록 장난감	＃＃ ＼＼＼
휴대 전화	＃＃ ＃＃ ＃＃ ㅣ
인형	＃＃
필통	＼＼＼
게임기	＼＼

나는 장래 희망에 대해 조사했어.

초이

장래 희망

의사	선생님	판사
●●●	⬤⬤●	⬤
연예인	요리사	소방관
⬤⬤●	●●●●	⬤●●●

⬤ 5명   ● ㅣ명

지오의 장래 희망은 선생님입니다. 장래 희망이 선생님인 초이네 반 학생은 몇 명입니까?

나는 아이들을 훌륭하게 가르치는 선생님이 되고 싶어.

다음은 태경이가 조사한 자료를 다르게 나타낸 것입니다. 그림을 완성하시오.

받고 싶은 선물

책	卌 l
블록 장난감	卌 lll
휴대 전화	卌 卌 卌 l
인형	卌
필통	lll
게임기	ll

받고 싶은 선물

● 5명 ● l명

그림그래프는 다음과 같은 특징이 있습니다.
① 그림으로 어떤 자료인지 예측이 가능하고 재미있게 나타낼 수 있습니다.
② 그림의 크기를 다르게 해서 수량의 많고 적음을 쉽게 알 수 있습니다.
③ 지역이나 위치를 보기 편리합니다.

마을별 작년에 태어난 아기의 수

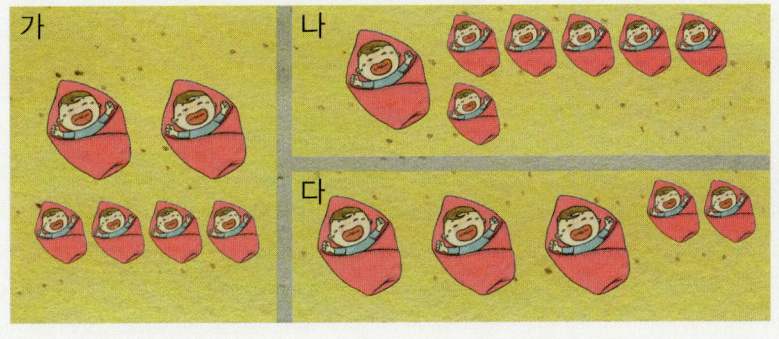

 l0명

 l명

그림그래프 그리기

태경이네 학교 3학년 학생들이 사는 마을을 조사한 표를 보고 그림그래프로 나타내
어 봅시다.

마을별 3학년 학생 수

마을	청솔	무지개	아름	장미	합계
학생 수	47	22		74	216

❶ 표의 빈칸에 알맞은 수를 쓰시오.

❷ ⬤와 ● 를 사용하여 그림그래프를 그리려고 합니다. 각 그림이 나타내는 크기
를 정해 보시오.

⬤ : ▢ 명   ● : ▢ 명

❸ 그림그래프를 완성하시오.

마을별 3학년 학생 수

1 계절별로 태어난 학생 수를 나타낸 표와 그림그래프입니다. 봄의 그림그래프를 보고 나머지 계절의 그림그래프를 완성하시오.

학생들이 태어난 계절

태어난 계절	학생 수
봄	32
여름	28
가을	21
겨울	16

학생들이 태어난 계절

봄	여름
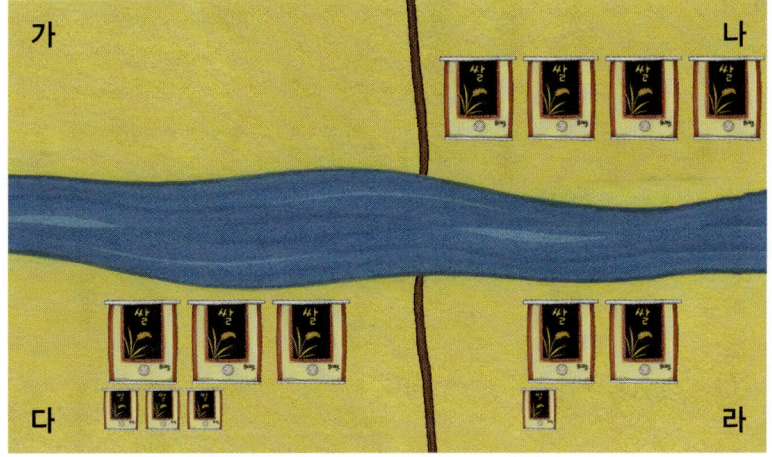	
가을	**겨울**

[쌀 생산량]

2 네 마을의 쌀 생산량을 나타낸 그림그래프입니다. 강의 위쪽 마을이 강의 아래쪽 마을보다 쌀 70가마를 더 생산했습니다. 가 마을의 쌀 생산량을 그리시오.

쌀 생산량

50가마

10가마

 # 그림그래프 해석하기

아인이가 마을 사람들 58명을 대상으로 좋아하는 과일 또는 채소를 조사하여 그림그래프로 나타내었습니다.

좋아하는 과일 또는 채소

1 큰 그림과 작은 그림은 각각 몇 명을 나타냅니까?

큰 그림: ☐ 명   작은 그림: ☐ 명

2 토마토는 그림을 잘못 그렸습니다. 바르게 고쳐서 그리시오.

 ➡

3 위 그래프에 따르면 아인이네 마을의 가게에서 가장 많이 팔릴 것으로 예상되는 것은 무엇입니까?

이것도 몰라!

좋아하는 사람이 많으면 많이 팔리겠지. 그렇지 않아?

1 태경이는 마을 사람들이 평소에 자주 먹는 채소를 조사하여 그림그래프로 나타 내었습니다. 동네 마트에서 많이 팔릴 것으로 예상되는 채소를 순서대로 쓰시오.

자주 먹는 채소

채소	사람 수
고추	●●●•
오이	●••
양파	••••••
당근	●●•

● 10명
• 1명

[보고 싶은 동물]

2 학생들이 동물원에서 가장 보고 싶어하는 동물들을 조사하여 그림그래프로 나타 낸 것입니다. 가장 많은 학생들이 보고 싶어하는 동물과 가장 적은 학생들이 보 고 싶어하는 동물의 학생 수의 차를 구하시오.

동물원에서 가장 보고 싶어하는 동물

동물	학생 수
원숭이	■▲▲
기린	■■▲
곰	■▲▲▲▲▲
하마	▲▲

■ 5명
▲ 1명

8 여러 가지 그래프

지오는 어린이 신문에 나온 여러 가지 그래프를 모았습니다.

세계 각국 청소년의 키

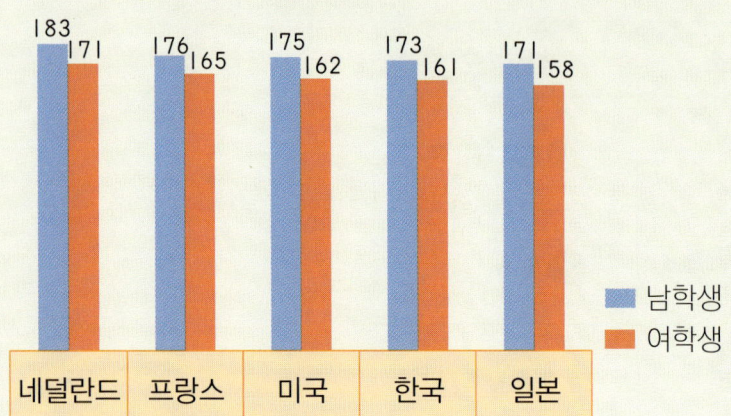

부모님께 가장 듣고 싶은 말

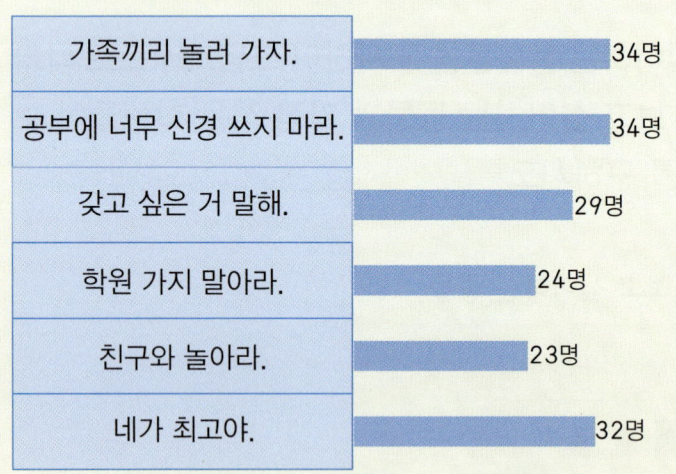

초등학생 하루 일과

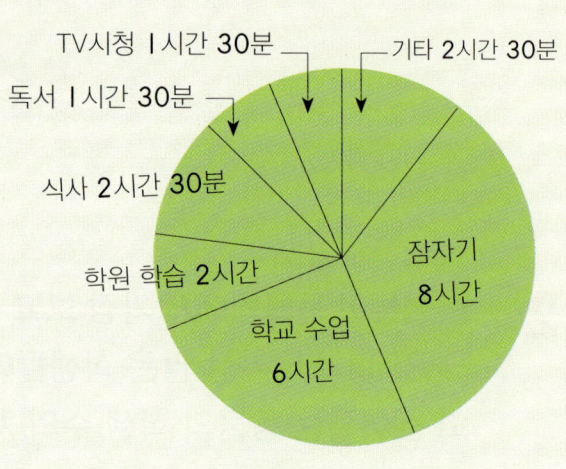

그래프의 모양이 모두 제각각이야.

지오

재미있는 사실을 한눈에 바로 알 수 있군.

아인

🌀 지오가 모은 어린이 신문에 난 여러 가지 그래프를 보고 다음 물음에 답하시오.

● 청소년의 키가 우리나라보다 작은 나라를 찾아보시오.

● 초등학생의 하루 일과 중 잠자는 시간을 빼고 가장 많이 시간을 보내는 것은 무엇입니까?

● 가장 많은 학생들이 부모님께 듣고 싶은 말 2가지를 쓰시오.

노크 포인트

다음과 같이 여러 가지 그래프가 있습니다.

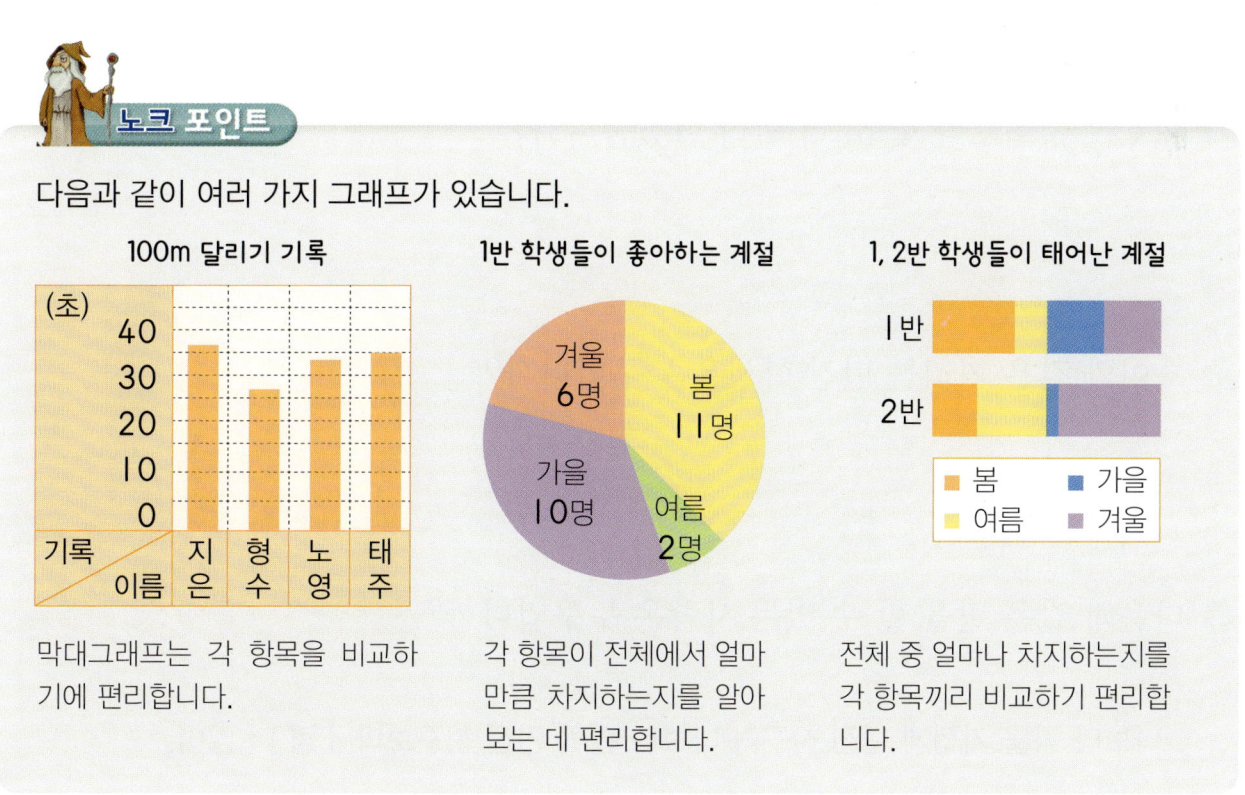

100m 달리기 기록

막대그래프는 각 항목을 비교하기에 편리합니다.

1반 학생들이 좋아하는 계절

각 항목이 전체에서 얼마만큼 차지하는지를 알아보는 데 편리합니다.

1, 2반 학생들이 태어난 계절

전체 중 얼마나 차지하는지를 각 항목끼리 비교하기 편리합니다.

여러 가지 그래프 해석하기

아인이는 모둠 친구들이 체육 시간에 공을 던진 거리를 그래프로 나타내었습니다.

내가 생각해도 멋있는 그래프야! 무엇을 나타내는지는 물론 친구들의 기록을 한눈에 알 수 있어!

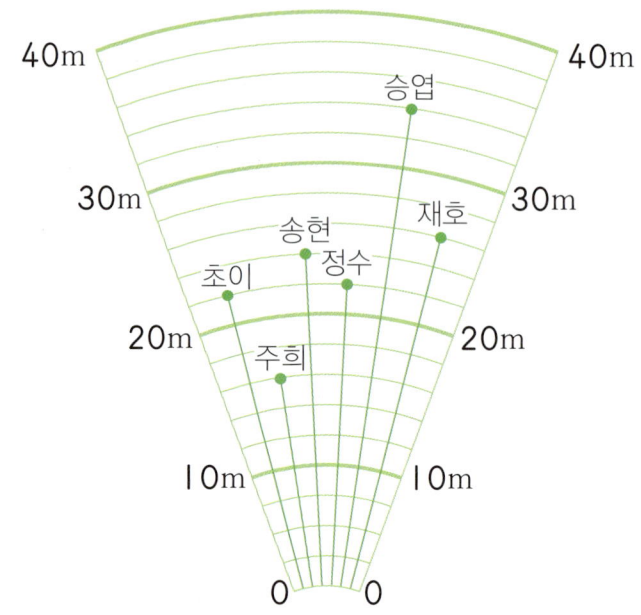

❶ 공을 가장 멀리 던진 학생은 누구입니까?

❷ 재호는 주희보다 몇 m 더 멀리 던졌습니까?

❸ 초이와 같은 거리를 던진 학생은 누구입니까?

❹ 다음과 같은 말을 할 수 있는 사람은 누구입니까?

나보다 공을 가깝게 던진 친구가 나보다 멀리 던진 친구보다 1명 더 많아.

[멀리뛰기]

1 초이는 모둠 친구들이 멀리뛰기를 한 기록을 나타내었습니다. 승호의 멀리뛰기 기록이 110cm라고 할 때, 나머지 친구들의 멀리뛰기 기록을 구하시오.

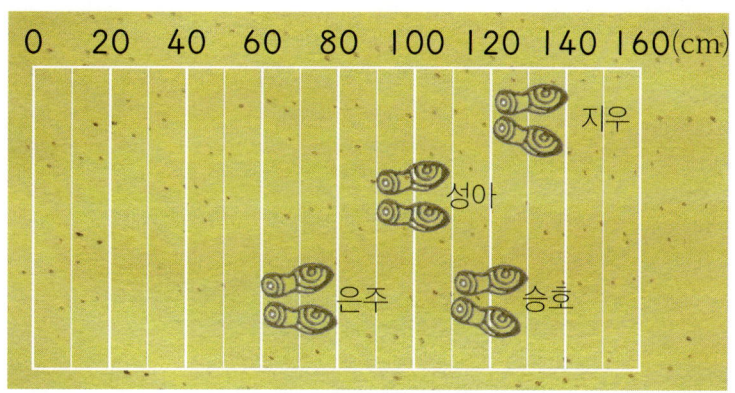

은주: ☐ cm   성아: ☐ cm   지우: ☐ cm

[홈런]

2 지오는 야구 게임에서 모둠 친구들이 친 공이 날아간 거리를 오른쪽과 같이 그래프로 나타내었습니다. 공을 80m 보다 멀리 치면 홈런이라고 할 때, 홈런을 친 친구들의 이름을 모두 쓰시오.

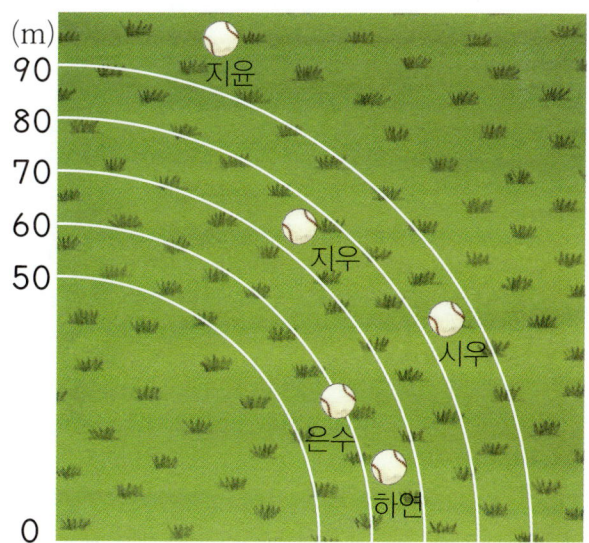

 **상관 그래프**

다음은 지오네 가족 사진입니다. 지오가 제일 앞에서 사진을 찍었습니다.

오른쪽부터 엄마, 아빠, 오빠, 삼촌, 할아버지입니다.

지오네 가족의 키와 나이를 비교하여 그래프를 그렸습니다. 가족 사진과 그래프를 보고 각 기호가 나타내는 사람이 누구인지 알아봅시다. (단, 오른쪽으로 갈수록 나이가 많아지고 위로 갈수록 키가 큽니다.)

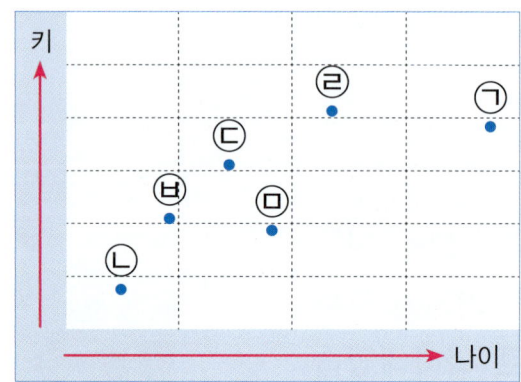

❶ ㉣과 ㉠은 키가 비슷하지만 ㉠은 나이가 제일 많습니다. ㉠과 ㉣은 각각 누구입니까?

❷ ㉡은 누구입니까?

❸ 삼촌은 엄마보다 나이가 적고, 오빠는 엄마보다 키가 큽니다. 다음 기호가 나타내는 사람은 누구입니까?

ㄷ: ☐   ㅁ: ☐   ㅂ: ☐

1 다음은 태경이네 반 학생 5명의 수학과 국어 성적을 나타낸 그래프입니다. 국어 성적보다 수학 성적이 높은 학생의 이름을 모두 쓰시오.

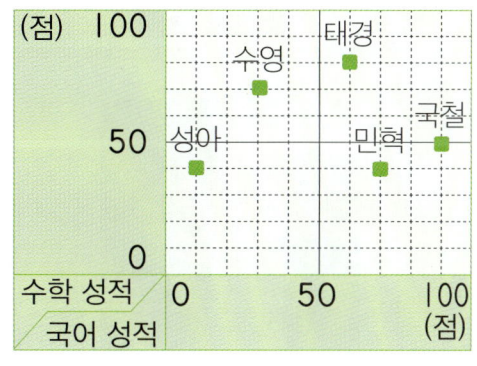

국철이는 수학 성적보다 국어 성적이 더 높네.

[키와 몸무게]

2 진우네 모둠 4명의 키와 몸무게를 나타낸 그래프입니다.

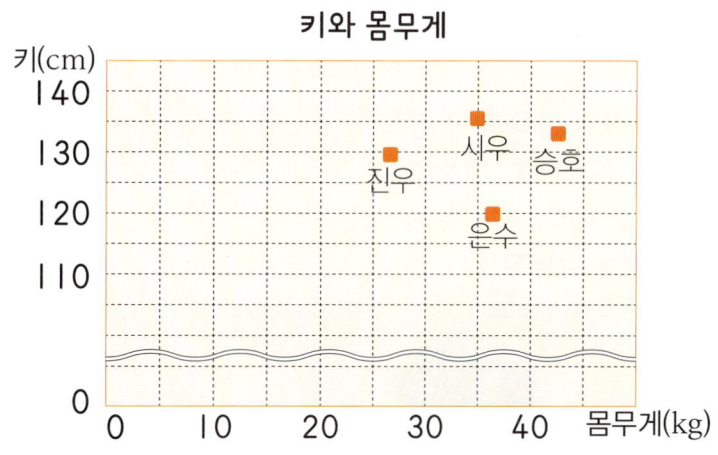

❶ 진우보다 키는 작지만 몸무게는 많이 나가는 학생은 누구입니까?

❷ 승호보다 키는 크지만 몸무게는 적게 나가는 학생은 누구입니까?

9 그래프의 해석

대마왕은 아이들이 하고 싶은 것을 조사하여 그래프로 나타내었습니다.

아이들이 하고 싶은 것

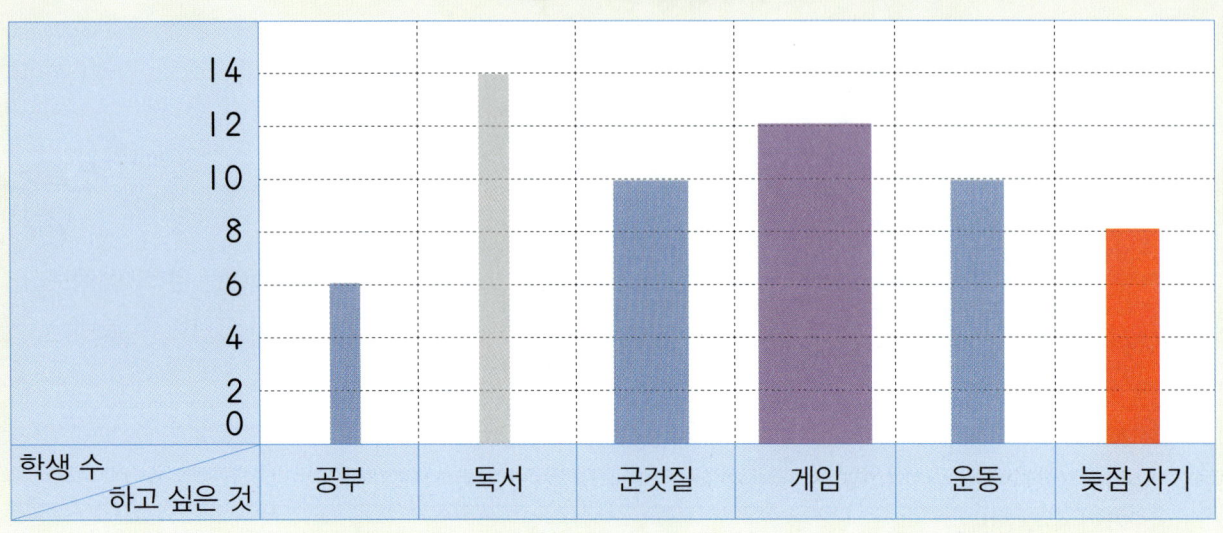

아이들이 가장 좋아하는 것은 역시 게임이야. 한눈에 봐도 알 수 있어. 또, 늦잠 자기도 눈에 띄는군.

대마왕

막대의 굵기와 색을 다르게 해서 눈속임을 하다니!

멀린

🌀 그래프를 바르게 그려 보시오.

아이들이 하고 싶은 것

학생 수 / 하고 싶은 것	공부	독서	군것질	게임	운동	늦잠 자기
14						
12						
10						
8						
6						
4						
2						
0						

노크 포인트

그래프를 보고 그래프에 나와 있지 않은 사실을 예상해 볼 수도 있습니다.

차가운 아이스크림이 가장 많이 팔린 8월의 날씨가 가장 더울 것이라는 것을 예상해 볼 수 있습니다.
또, 많지는 않지만 한겨울에도 아이스크림을 먹는 사람이 있다는 것을 알 수 있습니다.

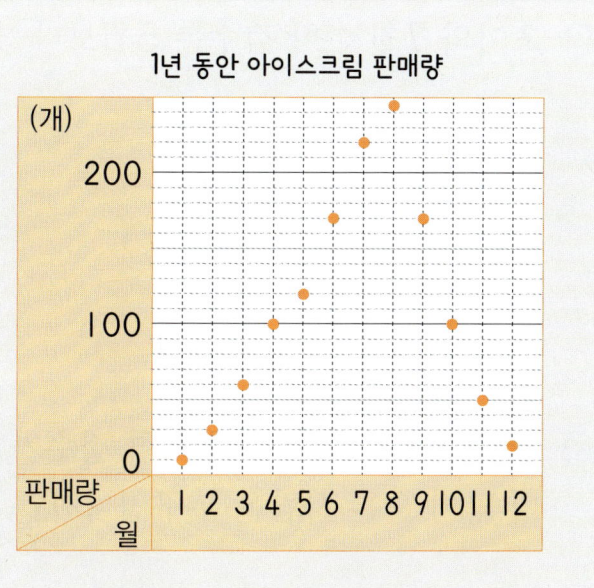

1년 동안 아이스크림 판매량

 # 그래프 해석하기

태경이와 초이가 5월, 7월에 본 수학 시험의 점수를 그래프로 나타내었습니다.

태경이의 수학 점수

84점 88점
5월 7월

초이의 수학 점수

84점 89점
5월 7월

❶ 태경이의 7월 수학 점수는 5월보다 몇 점 더 올랐습니까?

❷ 초이의 7월 수학 점수는 5월보다 몇 점 더 올랐습니까?

❸ 태경이와 초이 중 7월 수학 점수가 5월보다 더 많이 오른 사람은 누구입니까?

잘 생각해 봐!

끊어진 그래프는 막대가 너무 길어질 때 그래프를 보기 편하도록 막대를 생략해서 나타내는 거야.

1 [장난감 판매량]

어느 장난감 가게의 1월부터 5월까지의 장난감 판매량을 물결을 사용한 막대 그래프로 나타내었습니다. 가장 많이 판매한 달은 가장 적게 판매한 달보다 몇 개 더 많이 팔았습니까?

장난감 판매량

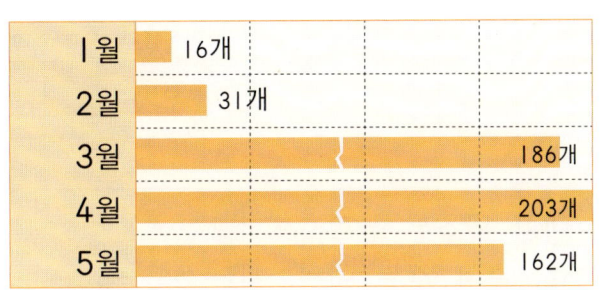

2 [좋아하는 간식]

초등학생 140명에게 좋아하는 간식을 물어 본 결과를 그래프로 나타내었습니다.

좋아하는 간식

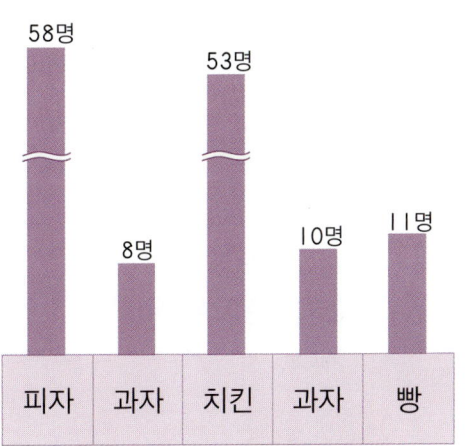

❶ 피자가 좋다고 대답한 학생은 치킨이 좋다고 대답한 학생보다 몇 명이 더 많습니까?

❷ 치킨이 좋다고 대답한 학생은 빵이 좋다고 대답한 학생보다 몇 명이 더 많습니까?

얼굴 그림그래프

태경이는 규칙에 따라 친구들이 하루에 양치를 하는 횟수와 충치의 수를 조사하여 얼굴 그림그래프로 나타내려고 합니다.

하루 양치 횟수

횟수	3번	2번	1번
눈 모양	⌒ ⌒	— —	⌄ ⌄

충치 수

충치 수	없음	보통	많음
입 모양	‿	—	⌒

태경

양치 횟수는 눈으로, 충치 수는 입으로 나타낸 거야.

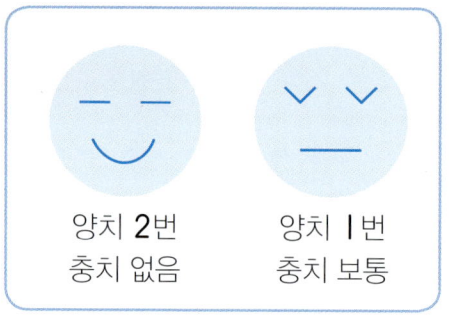

양치 2번
충치 없음

양치 1번
충치 보통

태경이네 반 학생들이 하루에 양치를 하는 횟수와 충치의 수를 보고 얼굴 그림 그래프로 나타내시오.

하루에 양치는 3번을 해야 해. 그러면 충치는 없을 거야.

양치 횟수와 충치 수

이름	수인	민아	태산
양치 횟수	3번	1번	2번
충치 수	없음	많음	보통

수인

민아

태산

[과일 모양과 맛]

1 아인이는 집에 있는 과일의 모양과 맛을 평가하여 다음 규칙에 따라 얼굴 그림 그래프로 나타내려고 합니다. 그래프를 완성하시오.

과일의 모양

모양	예쁨	보통	못생김
눈 모양	∧ ∧	╱ ╲	╲ ╱

과일의 맛

맛	맛있음	보통	맛없음
입 모양	●	○	⬭

과일의 모양과 맛

과일	사과	배	포도
모양	예쁨	못생김	보통
맛	맛없음	맛있음	보통

사과   배   포도

[독서량과 운동량]

2 지오네 반 학생들의 독서량과 운동량을 조사하여 다음 규칙에 따라 얼굴 그림 그래프로 나타내려고 합니다. 그래프를 완성하시오.

독서량

독서량	많음	보통	적음
눈 모양	⊙ ⊙	⊙ ⊙	⊙ ⊙

운동량

운동량	많음	보통	적음
입 모양	⬭	○	⌣

학생들의 독서량과 운동량

이름	인혜	지호	명선
독서량	많음	적음	보통
운동량	적음	보통	많음

인혜   지호   명선

창의적 문제해결력

1 다음은 어느 서점의 초등학생 코너에서 어제 하루 동안 팔린 책을 그림그래프로 나타낸 것입니다. 초등학습서는 백과사전보다 10권이 더 팔렸고 학습만화는 동화책보다 11권이 더 팔렸을 때, 위인전은 모두 몇 권이 팔렸는지 구하시오.

어제 하루 동안 팔린 책

책의 종류	개수(권)
동화책	
위인전	
백과사전	
학습만화	
초등학습서	

2 학생들이 좋아하는 계절을 조사한 내용을 보고 그래프를 완성하시오.

㉠ 모두 27명의 학생을 조사하였습니다.

㉡ 여름과 겨울을 좋아하는 학생은 모두 11명입니다.

㉢ 봄을 좋아하는 학생은 가을을 좋아하는 학생보다 2명이 더 많습니다.

학생들이 좋아하는 계절

3 다음은 어느 도시의 1월부터 6월까지의 남녀 초등학생 수를 나타낸 그래프입니다. 여학생이 지난달보다 가장 많이 줄어든 달에 남학생은 지난달보다 몇 명이 줄어들었습니까?

어느 도시의 남녀 초등학생 수

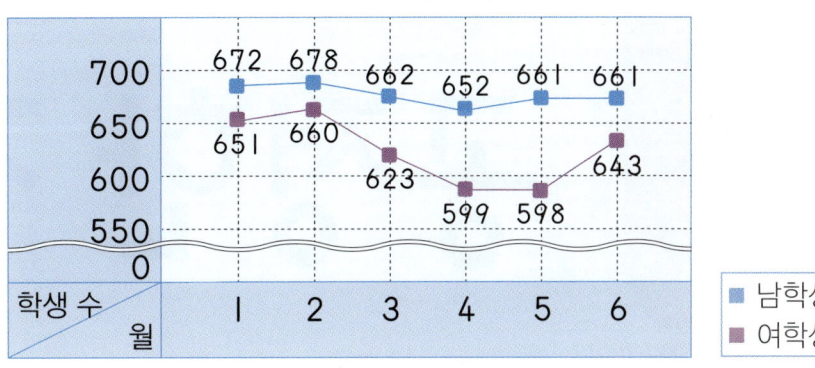

4 다음은 태경이네 반 학생의 키와 몸무게를 나타낸 그래프입니다. 국철이보다 키는 크지만 몸무게는 적게 나가는 학생은 누구입니까?

태경이네 반 학생의 키와 몸무게

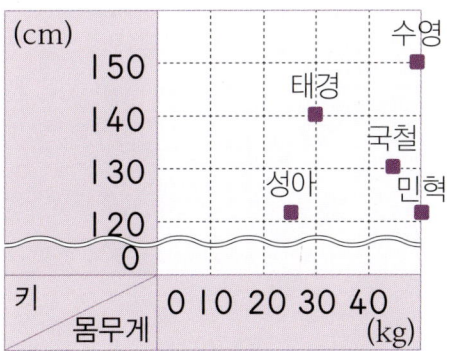

Chapter 4

공정한 게임

 **경우의 수와 가능성**

태경이가 주사위를 던졌을 때 나오는 경우에 대해 친구에게 물어 봅니다.

주사위를 던졌을 때 일어날 수 있는 경우는 몇 가지일까?

태경

주사위의 수는 1부터 6까지 있잖아. 당연히 6가지야.

지오

그런데 아인이와 초이는 다른 대답을 합니다.

지난 번에 주사위를 굴렸는데 옷장 아래로 들어갔어. 그러니까 알 수 없는 경우도 있는 거야.

아인

나는 주사위를 이불 위에 던졌더니 주사위가 옆으로 서 있었어.

초이

아인이나 초이의 경우처럼 특별한 경우는 생각하지 않아야 한단다.

도대체 몇 가지 경우가 있는 거죠?

멀린

동전을 던졌을 때 나올 수 있는 여러 가지 상황입니다. 아주 특별한 상황에서 일어날 수 있는 일이라서 경우를 따지지 않는 것의 기호를 쓰시오.

㉠ 동전의 그림 면이 나옵니다.	
㉡ 동전이 세워집니다.	|
㉢ 동전의 숫자 면이 나옵니다.	

노크 포인트

경우의 수는 어떤 일이 일어날 수 있는 경우의 가짓수를 말하는데 아주 특별한 경우에 일어나는 일은 포함하지 않습니다. 경우의 수에 따라 어떤 일이 일어날 수 있는 가능성이 달라집니다.

주사위를 던질 때 경우의 수는 6입니다.

1이 나오는 경우의 수는 1이고, 짝수가 나오는 경우의 수는 3입니다. 따라서 1보다 짝수가 나올 가능성이 더 높습니다.

동전을 던질 때 경우의 수는 2입니다.

그림 면이 나올 경우의 수는 1이고, 숫자 면이 나올 경우의 수는 1입니다. 따라서 그림 면과 숫자 면이 나올 가능성은 같습니다.

여러 가지 조건의 경우의 수

다음 주머니에서 공을 1개 꺼낼 때 여러 가지 경우의 수를 구해 봅시다.

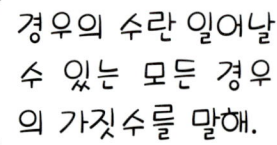

경우의 수란 일어날 수 있는 모든 경우의 가짓수를 말해.

색깔이 다른 공이 나오는 경우는 빨간색, 파란색으로 2가지야.

❶ 파란색 공이 나오는 경우에 ◯표 하고, 경우의 수를 쓰시오.

경우의 수: ☐

❷ 빨간색 공이 나오는 경우에 ◯표 하고, 경우의 수를 쓰시오.

경우의 수: ☐

❸ 홀수가 쓰인 파란색 공이 나오는 경우에 ◯표 하고, 경우의 수를 쓰시오.

경우의 수: ☐

[여러 가지 경우의 수]

1 경우의 수가 작은 순서대로 기호를 쓰시오.

⊙ 1부터 6까지 수가 적힌 주사위 던지기

ⓒ 돌림판 돌리기

ⓒ 동전 1개 던지기

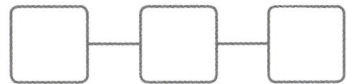

[카드 꺼내기]

2 카드 5장을 상자 안에 넣어 골고루 섞은 다음 카드 한 장을 꺼냈을 때 나올 수 있는 각각의 경우의 수를 선으로 이으시오.

잘 생각해 봐!

같은 것이 나오는 경우는 한 가지 경우로 생각해.

카드의 숫자 •   • 2

숫자의 색깔 •   • 3

카드의 색깔 •   • 4

 가능성의 비교

1부터 20까지의 수가 적힌 주사위를 던졌을 때 여러 가지 경우의 수를 구해 봅시다.

주사위를 여러 번 던져 봐야 하는 건가?

❶ 주사위를 던졌을 때 나오는 경우의 수를 구하시오.

❷ 짝수가 나오는 경우의 수를 구하시오.

이것도 몰라!

1부터 20까지의 수 중에 반은 홀수, 반은 짝수지.

❸ 숫자 3이 들어 있는 수가 나오는 경우의 수를 구하시오.

❹ 숫자 1이 들어 있는 수가 나오는 경우와 숫자 2가 들어 있는 수가 나오는 경우 중 나올 수 있는 가능성이 높은 것은 어느 것입니까?

1

[카드의 숫자]

1부터 50까지 쓰여진 카드가 한 장씩 있습니다. 카드를 섞어 한 장을 뽑을 때, 숫자 1, 숫자 5, 숫자 8이 들어간 카드 중 뽑힐 가능성이 가장 높은 것은 어느 것입니까?

이것도 몰라!

50에 숫자 5가 들어간다는 것을 잊으면 안 돼!

2

[가능성이 높은 경우]

1부터 12까지의 수가 적힌 주사위를 던졌을 때, 나올 수 있는 가능성이 가장 낮은 경우의 기호를 쓰시오.

1~12

㉠ 5보다 작은 수가 나오는 경우
㉡ 숫자 1이 들어가는 수가 나오는 경우
㉢ 짝수가 나오는 경우
㉣ 9보다 큰 수가 나오는 경우

공정한 게임

주사위 2개를 던져서 짝수와 홀수가 나오는 경우입니다. 두 수의 곱이 짝수인 경우는
◯ 표, 홀수인 경우는 △ 표 하시오.

이렇게 술래를 정하는 것은 공정합니까?

⊘ 주사위를 각각 던져 4보다 큰 수가 나오는 경우 이긴다고 할 때, ☐ 안에 가장 유리한 주사위부터 순서대로 번호를 쓰시오. (주사위 아래의 수의 범위는 주사위에 적힌 수를 나타냅니다.)

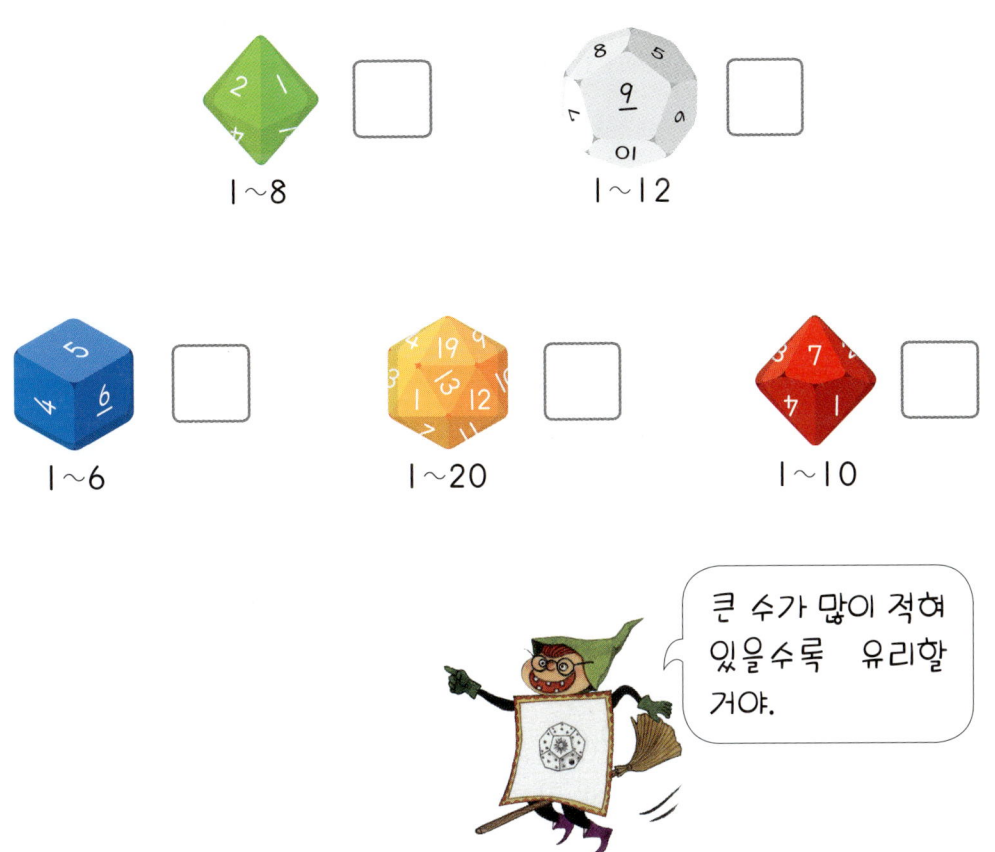

1~8 ☐   1~12 ☐

1~6 ☐   1~20 ☐   1~10 ☐

큰 수가 많이 적혀 있을수록 유리할 거야.

 노크 포인트

동전 1개를 던졌을 때 그림 면이 나올 가능성과 숫자 면이 나올 가능성은 똑같습니다. 따라서 두 사람이 동전의 면을 정하고 동전을 던져 승, 패를 정하는 게임은 공정한 게임입니다.

하지만 오른쪽 상자에서 색깔을 정하고 공을 한 개 꺼내서 승, 패를 정하는 게임은 공정하지 못합니다. 파란 공의 개수가 더 많아서 파란 공을 선택한 사람이 유리하기 때문입니다.

공정한지 알아보기

동전 2개를 던져 모두 같은 면이 나오면 초이가 이기고 다른 면이 나오면 태경이가 이깁니다. 공정한 게임인지 아닌지 알아봅시다.

① 동전 2개를 던졌을 때 나오는 경우를 모두 써 보시오.

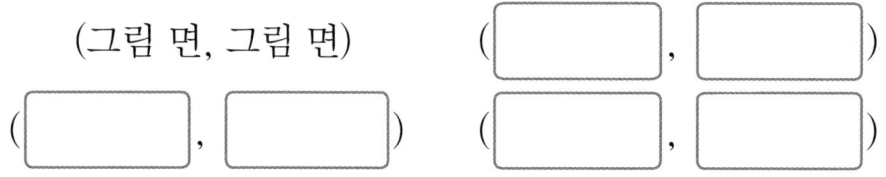

(그림 면, 그림 면)   (⬚ , ⬚)

(⬚ , ⬚)   (⬚ , ⬚)

② 같은 면이 나오는 경우의 수와 다른 면이 나오는 경우의 수를 차례로 쓰시오.

③ 이 게임은 공정합니까? 만약, 공정하지 않다면 누가 더 유리합니까?

동전 3개를 던져서 모두 같은 면이 나오면 초이가 이기고 나머지 경우는 태경이가 이깁니다. 게임이 공정한지 알아보고, 만약 공정하지 않다면 더 유리한 사람의 이름을 쓰시오.

[공정한 주사위 게임]

1 지오와 아인이는 주사위 2개를 던져 나온 수의 합을 보고 다음과 같이 게임을 하기로 하였습니다. 표를 이용하여 게임이 공정한지 알아보고, 만약 공정하지 않다면 누구에게 더 유리한지 이름을 쓰시오.

합이 7, 8, 9, 10이면 내가 이기는 거야.

그 이외의 합이 나오면 내가 이기는 거지.

합	1	2	3	4	5	6
1	2	3	4			
2	3	4				
3	4					
4						
5						
6						

아인   지오

[더 유리한 사람]

2 초이와 태경이가 동전 3개를 던져 나온 면을 보고 다음과 같이 케이크를 먹습니다. 이 게임이 공정한지 알아보고, 만약 공정하지 않다면 누구에게 더 유리한지 이름을 쓰시오.

그림 면이 더 많이 나오면 내가 케이크를 먹어.

숫자 면이 더 많이 나오면 내가 케이크를 먹지.

초이   태경

공정하게 만들기

두 상자 중 하나를 선택해서 공 2개를 꺼냅니다. 같은 색깔의 공이 나오면 이기고 다른 색깔의 공이 나오면 지는 게임을 할 때, 공정한 결과가 나오는 상자는 무엇인지 알아봅시다.

❶ **가** 상자에서 다음과 같이 나오는 경우를 모두 써 보시오.

같은 색깔의 공이 나오는 경우	다른 색깔의 공이 나오는 경우
(2, 3)	(1, 2)

❷ **나** 상자에서 다음과 같이 나오는 경우를 모두 써 보시오.

같은 색깔의 공이 나오는 경우	다른 색깔의 공이 나오는 경우

❸ 공정한 결과가 나오는 상자는 무엇입니까?

1 [공정한 바둑돌 게임]

흰색 바둑돌 2개와 검은색 바둑돌 1개가 들어 있는 통에서 2개의 바둑돌을 꺼내어 색이 같으면 이기는 게임을 하려고 합니다. 이 게임은 공정한 게임인지 알아보고, 만약 공정하지 않다면 어떤 색 바둑돌 한 개를 더 넣어야 공정해지는지 쓰시오.

잘 생각해 봐!

흰색 바둑돌이 하나 더 있는 경우와 검은색 바둑돌이 하나 더 있는 경우를 각각 생각해 보렴.

2 [주사위 던지기]

초이와 지오가 1부터 6까지 수가 적힌 주사위를 각각 던져 게임을 합니다. 다음 표에 초이가 이기는 경우는 ◯표, 지오가 이기는 경우는 △표를 하고, 더 유리한 사람의 이름을 쓰시오.

두 주사위에서 모두 5보다 작은 수가 나오면 내가 이겨.

초이

초이＼지오	1	2	3	4	5	6
1						
2						
3						
4						
5						
6						

두 주사위 중 하나라도 5나 6이 나오면 내가 이겨.

지오

한입, 거꾸로, 딴소리 요괴가 빵 1개를 놓고 서로 먹겠다고 합니다. 아인이는 주사위를 던져서 빵을 먹을 요괴를 정하자고 하였습니다.

아인

꼬마 요괴들이 잠시 생각하더니 수를 하나씩 말합니다.

유리한 수를 선택한 꼬마 요괴가 있습니까? 만약 유리한 꼬마 요괴가 있다면 이름을 쓰시오.

동전을 5번 던졌는데 모두 숫자 면이 나왔습니다. 6번째로 동전을 던졌을 때 결과에 대한 세 사람의 대화에서 바른 말을 한 사람의 이름을 쓰시오.

횟수	1	2	3	4	5	6
결과	숫자 면	숫자 면	숫자 면	숫자 면	숫자 면	?

6번째도 무조건 숫자 면이 나오겠네.

초이

숫자 면이 5번 나온 것과 이번 동전의 결과는 관계가 없어.

아인

이번엔 그림 면이 나올 때가 된 거 같아.

태경

노크 포인트

어떤 가능성이 더 높은지 판단할 때는 경우의 수를 구해야 합니다.

1이 나올 가능성

가 > 나

전체 4가지 경우 중 1가지

전체 6가지 경우 중 1가지

➡ 가 주사위의 가능성이 더 높습니다.

5가 나올 가능성

가 < 나

전체 4가지 경우 중 0가지

전체 6가지 경우 중 1가지

➡ 나 주사위의 가능성이 더 높습니다.

가능성이 큰 경우

두 회전판을 돌려서 나온 수의 합과 자신이 말한 수가 같은 사람이 청소 당번을 하기로 하였습니다. 다음을 보고 청소 당번이 될 가능성이 가장 큰 사람을 알아봅시다.

10	8	5	3
아인	태경	초이	지오

❶ 두 회전판을 돌려서 나온 수의 합을 표로 나타내어 보시오.

합	1	2	3	4	5	6
1	2	3				
2						
3						
4						

❷ 청소 당번이 될 가능성이 가장 큰 사람은 누구입니까?

1 [주사위 눈의 차]

1부터 4까지 수가 적힌 주사위 2개를 던져 나온 수의 차가 0 또는 1이면 태경이가 이기고, 2 또는 3이면 아인이가 이기는 게임을 하려고 합니다. 다음 표에 차를 적고 이길 가능성이 더 큰 사람의 이름을 쓰시오.

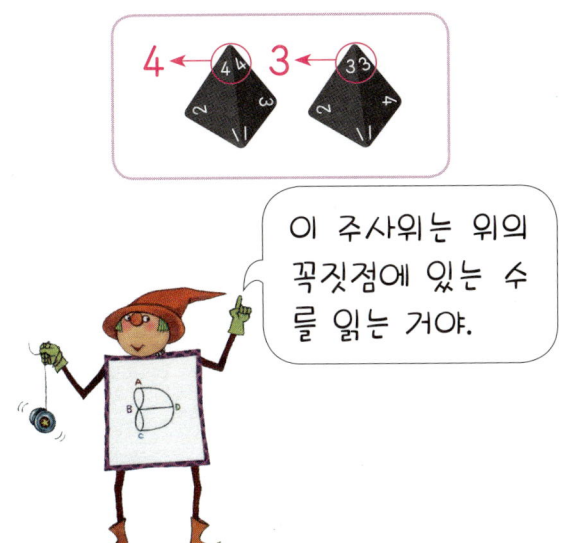

이 주사위는 위의 꼭짓점에 있는 수를 읽는 거야.

차	1	2	3	4
1				
2				
3				
4				

2 [경품 추첨]

초이는 어머니와 마트에 갔다가 두 개의 상자에서 하나씩 꺼낸 수의 합을 미리 말하여 맞추면 경품을 받는 행사에 참여하게 되었습니다. 어떤 수를 말해야 경품을 받을 가능성이 가장 큽니까?

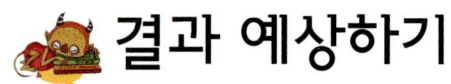 **결과 예상하기**

같은 주사위를 여러 번 굴려서 나온 수의 합이 크면 이기는 게임에서 주사위에 적힌 수가 다를 경우 어떤 주사위를 고르는 게 더 유리한지 알아봅시다.

가

주사위 수: | 1 2 3 1 2 3 |

나

주사위 수: | 0 0 0 4 5 6 |

❶ 두 주사위를 6번 굴려서 6개의 면이 한 번씩 나왔을 때 수의 합을 구하시오.

| 1 2 3 1 2 3 | → [   ]

| 0 0 0 4 5 6 | → [   ]

❷ 이 게임은 공정합니까? 만약 공정하지 않다면 어느 주사위가 더 유리합니까?

잘 생각해 봐!

주사위의 각 면이 나오는 가능성이 모두 같아. 그러니까 각 면이 한 번씩 다 나온다고 생각하면 되는거야.

1 두 개의 통에 장난감 자석 물고기가 5마리씩 있습니다. 각 통에서 자석을 실에 매달아 똑같이 물고기를 잡았다가 다시 넣기를 반복하면서 잡은 물고기 번호의 합을 비교합니다. 게임을 반복할수록 합이 더 클 것으로 예상되는 통은 무엇입니까?

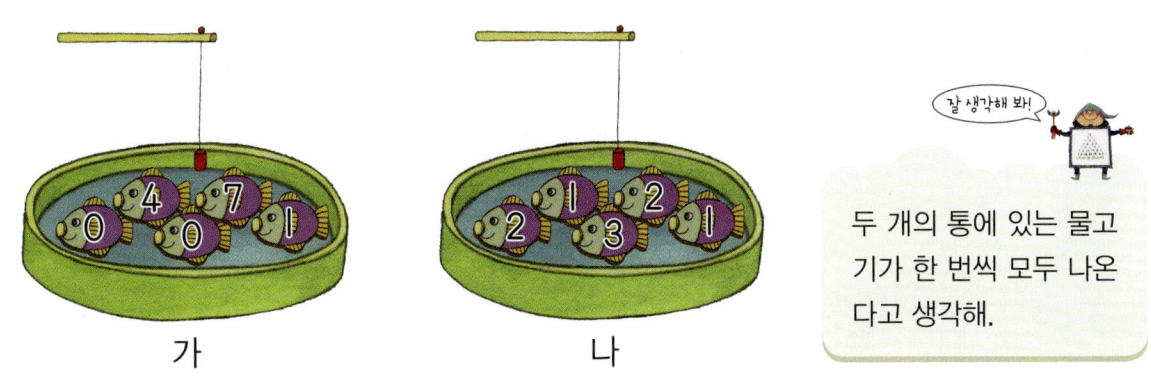

가   나

잘 생각해 봐!

두 개의 통에 있는 물고기가 한 번씩 모두 나온다고 생각해.

2 아인이와 초이가 게임을 반복할수록 사탕을 더 많이 가져갈 것으로 예상되는 사람의 이름을 쓰시오.

동전 2개를 던져 모두 그림 면이 나오면 내가 사탕 한 개를 가져 오지.

주사위 1개를 던져 홀수가 나오면 내가 사탕 한 개를 가져 와.

아인   초이

1 회전판을 돌려서 2로만 나누어지는 수가 나오면 지오가 이기고, 3으로만 나누어지는 수가 나오면 태경이가 이깁니다. 또 2로도 나누어지고 3으로도 나누어지는 수가 나오면 아인이가 이깁니다. 회전판을 돌렸을 때, 가장 유리한 사람의 이름부터 순서대로 이름을 쓰시오. (단, 2와 3으로 나누는 경우만 생각합니다.)

2 1부터 6까지 수가 적힌 주사위 한 개와 동전 한 개를 던져서 동전은 그림 면, 주사위는 6보다 작은 수가 나오면 초이가 이기고, 다른 결과가 나오면 아인이가 이기는 게임을 하였습니다. 이 게임은 누구에게 더 유리한지 이름을 쓰시오.

3 주머니 속에 있는 초록색 상자에는 사탕이, 노란색 상자에는 초콜릿이 각각 하나씩 들어 있습니다. 이 주머니에서 상자 2개를 꺼낼 때, 가장 유리한 사람은 누구입니까?

사탕 2개가 나오면 내가 이겨.

사탕 1개, 초콜릿 1개가 나오면 내가 이겨.

초콜릿 2개가 나오면 내가 이겨.

초이   지오   태경

4 상자에 카드 3장이 들어 있습니다. 앞면에 ◯가 그려진 카드 한 장을 뽑았습니다. 이 카드의 뒷면이 ◯일 때는 아인이가 이기고, ✕일 때는 지오가 이긴다면 이 게임은 공정한 게임인지 알아보고, 아니라면 누가 더 유리한지 이름을 쓰시오.

[카드 1]

앞면   뒷면

[카드 2]

앞면   뒷면

[카드 3]

앞면   뒷면

MEMO

정답및 해설

경우의
수와 통계

C8
(10~11세)

일방통행

26
27

화살표는 차가 한쪽 방향으로만 갈 수 있는 일방통행을 나타냅니다. 차가 집까지 가는 가장 짧은 길의 가짓수를 구해 봅시다.

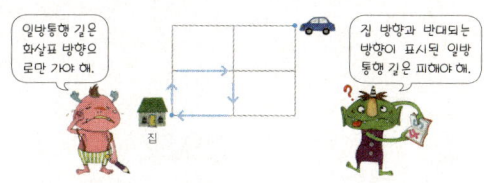

❶ 일반통행 길의 방향을 보고 차가 가장 짧은 길을 따라 집으로 갈 때, 지나지 않는 길을 뺀 나머지 길을 그리시오.

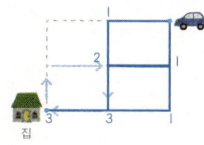

❷ ❶에서 그린 길 위에 갈림길마다 가짓수를 적어가며 집까지 가는 가장 짧은 길의 가짓수를 구하시오. 3가지

[가장 짧은 길]

1 지오가 자전거를 타고 공원까지 가는 길에 화살표 방향으로만 갈 수 있는 일방통행 길이 있습니다. 지오가 공원에 가는 가장 짧은 길은 모두 몇 가지입니까?   5가지

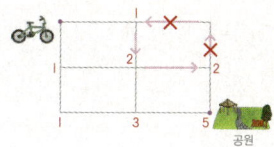

[일방통행이 있는 길]

2 화살표가 그려진 길은 화살표 방향으로만 갈 수 있는 일방통행을 나타냅니다. 가 지점에서 나 지점까지 가는 가장 짧은 길은 몇 가지인지 구하시오.   12가지

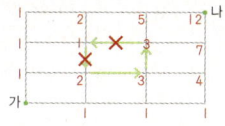

가에서 나까지 갈 때 지나지 않는 일방통행 길을 지우고 생각해 보렴.

창의적 문제해결력

28
29

1 지오네 집에서 학교까지 가는 가장 짧은 길의 가짓수를 구하시오.   15가지

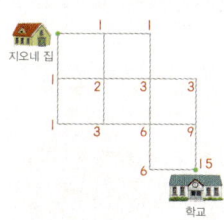

2 초이네 집에서 아인이네 집까지 가는데 반드시 다리를 지나서 가려고 합니다. 가장 짧은 길은 몇 가지가 있는지 구하시오.   20가지

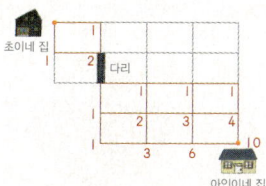

2×10=20(가지)

● 동영상 특강
QR 코드를 찍어 보세요!

3 다음과 같은 기둥의 빨간선을 따라 가 지점에서 나 지점까지 가는 가장 짧은 길은 모두 몇 가지인지 구하시오.   4가지

4 개구리가 1번 연잎에서 시작하여 1 큰 수 또는 2 큰 수가 적힌 연잎으로 건너 뛰어 8번 연잎까지 가는 방법은 모두 몇 가지입니까?   21 가지

각 번호까지 가는 방법의 가짓수는 위와 같습니다.

리그와 토너먼트

4 토너먼트

중세 시대 유럽에는 말을 탄 기사들이 무술 실력을 겨루어 1등을 가리는 토너먼트라는 시합이 있었습니다.

토너먼트는 말을 타고 하는 시합이기 때문에 진 사람을 크게 다쳐 시합을 다시 할 수 없었어. 그래서 이긴 사람끼리만 다시 경기를 했어.
아인

토너먼트는 한 번 지면 무조건 탈락이네.
태경

토너먼트는 한 번 지면 시합할 기회를 다시 얻을 수 없기 때문에 모든 경기를 이긴 사람이 우승자가 됩니다.

다음은 4명의 기사가 펼친 토너먼트의 대진표입니다. 우승자를 가리기 위해서 시합을 모두 몇 번 해야 합니까? **3번**

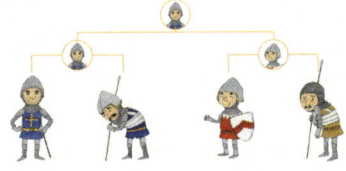

2개씩 짝지은 것 중 더 좋아하는 것을 골라 위쪽에 이름을 쓰고 고르지 않은 것에는 ✕표 합니다. 마지막 하나를 골랐을 때, ✕표 한 것은 모두 몇 개입니까?

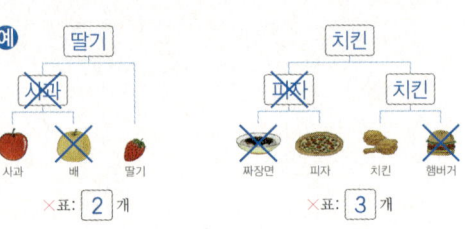

✕표: **2** 개

✕표: **3** 개

포인트

토너먼트는 진 팀은 탈락하고 이긴 팀끼리 경기를 하여 우승팀을 가리는 경기 방식을 말합니다. 토너먼트 방식으로 경기를 할 때 어떤 팀끼리 경기를 할지 아래와 같이 나타낸 그림을 대진표라고 합니다.

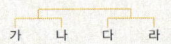

가   나   다   라

토너먼트는 경기에서 진 팀이 탈락하기 때문에 경기에서 진 팀의 수를 세면 경기 횟수를 알 수 있습니다. 4팀이 경기를 해서 우승팀을 가리려면 우승팀을 제외한 팀들이 경기에서 모두 한 번씩 지기 때문에 진 팀의 수가 바로 경기 횟수가 되는 것입니다.

(총 경기 횟수) = (진 팀 수) = (전체 팀 수) - 1

토너먼트 방식

토너먼트 방식으로 우승자를 가리는 어린이 바둑 대회에 8명이 참가하였습니다. 경기 횟수를 구하고 최종 우승자는 몇 번을 이겼는지 대진표를 그려 알아봅시다.

① 1명의 우승자가 정해지려면 몇 명이 탈락해야 합니까? **7명**

② 바둑 대회는 총 몇 경기가 열립니까? **7경기**
   탈락하는 사람 수와 경기 수가 같습니다.

③ 8명의 대진표를 완성해 보시오.

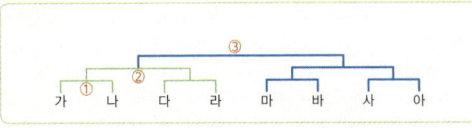

가 나 다 라 마 바 사 아

④ 어린이 바둑 대회의 최종 우승자는 아인입니다. 아인이는 모두 몇 번을 이겼습니까? **3번**

바둑은 수학 실력에 도움이 되지.

[가위바위보]

1 태경이네 반 학생 16명이 토너먼트 방식으로 가위바위보를 하였습니다. 태경이가 게임에서 1등을 하였다면, 태경이가 이긴 학생은 모두 몇 명입니까? **4명**

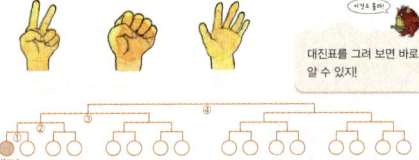

대진표를 그려 보면 바로 알 수 있지!

태경

→ 4번 게임해서 모두 이겼으므로 4명에게 이겼습니다.

[탁구 경기가 끝나는 날]

2 16명의 선수들이 토너먼트 방식으로 탁구 경기를 하려고 합니다. 5월 14일부터 시작하여 하루에 두 경기씩만 진행하고 마지막 날은 결승전만 치른다고 할 때, 결승전을 하는 날짜를 구하시오. **5월 19일**

경기를 몇 번 해야 하는지에 따라 끝나는 날짜가 결정되겠지.

경기 수는 15번입니다. 하루에 두 경기씩 진행하므로 결승전을 치르는 날은 6일째인 5월 19일입니다.

정답 및 해설 **7**

🐢 대진표 완성하기

지오네 학교에서 3학년 줄다리기 대회가 열렸습니다. 다음을 보고 대진표를 완성해 봅시다.

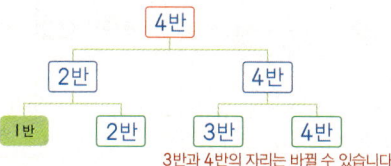

① 지오네 학교 3학년은 1반부터 4반까지 있습니다.
② 2반의 성적은 1승 1패입니다.
③ 3반은 첫 번째 경기에서 4반에게 졌습니다.

```
            4반
      2반          4반
   1반   2반     3반   4반
```
3반과 4반의 자리는 바뀔 수 있습니다.

❶ ③번을 보고 □ 안에 알맞은 반을 써넣으시오.

> 3반이 4반과 첫 번째 경기를 했으면 1반은 2반과 첫 번째 경기를 한거야.

❷ ②번과 ③번을 보고 □ 안에 첫 번째 경기에서 이긴 반을 써넣으시오.

❸ 줄다리기에서 최종 우승한 반을 □ 안에 써넣으시오.

[대진표 완성하기]

1 3개의 농구팀 가, 나, 다가 토너먼트 방식으로 경기를 하였습니다. 다음을 보고 대진표를 완성하시오.

- 나 팀은 경기를 1번 하였습니다.
- 가 팀은 경기를 2번 하였습니다.
- 가 팀은 다 팀에게 졌습니다.

```
            다
         가
      가   나   다
```
가와 나의 자리는 바뀔 수 있습니다.

[퀴즈 대결 토너먼트]

2 아인이네 반 6명이 토너먼트 방식으로 최후의 1인을 뽑는 퀴즈 대결을 하였습니다. 결과를 보고 대진표의 빈칸에 알맞은 사람의 이름을 쓰시오.

- 초이는 두 번째 대결을 지오와 하여 이겼습니다.
- 범상이는 한 번만 대결을 하였습니다.
- 태경이는 초이와 대결을 해서 이겼습니다.

```
                태경
          초이
      지오    초이    태경
   아인 지오 초이 우용 범상 태경
```

> 대진표에서 초이의 자리부터 생각해 봐.

---

⑤ 리그

대마왕이 꼬마 요괴들의 마법 대회를 개최한다고 합니다.

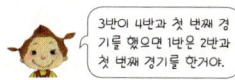

> 토너먼트 방식으로 마법대회를 열 것이다. 가장 성적이 좋은 두 요괴에게 마법 방망이를 각각 1개씩 주겠다.

> 마법 실력은 딴짓 요괴가 일등이고 내가 두 번째인데 운 나쁘게 딴짓 요괴와 처음 경기를 하면 바로 탈락이야. 엉엉~

대마왕

올보 요괴

대마왕은 올보 요괴의 이야기를 듣고 경기 방식을 바꾸기로 합니다.

> 그렇다면 모든 요괴들은 다른 요괴들과 한 번씩 경기를 하여라.

> 내가 마법 실력은 최고지. 우리 꼬마 요괴는 모두 8명이니 나는 7번 경기를 해야 하네. 너무 귀찮아.

딴짓 요괴

경기에 참여하는 꼬마 요괴는 모두 8명입니다. 각 꼬마 요괴는 각각 몇 번씩 경기를 해야 합니까? **7번**

🔵 마법 대회는 하루에 1번씩 열립니다. 마법 대회는 며칠 동안 열리게 됩니까? **28일**

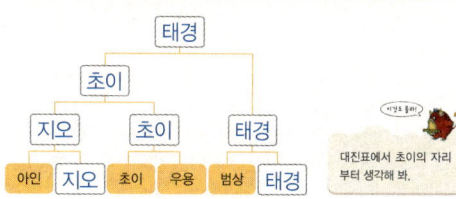

> 토너먼트 방식은 7일이면 끝나는데…… 이 방식은 공평하긴 한데 너무 오래 걸리는군.

> 각 꼬마 요괴가 7번씩 경기를 하니까 모두 7×8=56(번) 경기 해야 해.

> 태경아, 잘 생각해 봐. 한 경기를 2명이서 하잖아.

$7 \times 8 \div 2 = 28(일)$

🔖 노르포인트

리그는 모든 팀이 서로 한 번씩 경기하여 순위를 결정하는 경기 방식입니다.
4사람이 리그 방식으로 경기를 할 때 (총 경기 횟수)=3+2+1=6(번)입니다.

즉, □명이 리그 방식으로 경기를 할 때, (총 경기 횟수)=1+2+…+(□−1)입니다.
또한, 4사람이 각각 3번씩 경기를 하고, 한 경기를 2사람이 하므로
(총 경기 횟수)=4×3÷2=6(번)의 방법으로도 구할 수 있습니다.

🏑 승, 무, 패

4개 국가의 올림픽 하키 예선 리그의 경기 결과입니다. 표를 완성하여 봅시다.

순위	국가	승	무	패
1	한국	2	1	0
2	터키	1	2	0
3	이란			1
4	호주	0	0	3

표가 물에 젖어 지워졌군.

❶ 리그는 각 팀이 나머지 팀과 모두 경기를 하는 방식입니다. 터키는 모두 몇 번 경기를 합니까? 3번

❷ 터키는 이란보다 순위가 높습니다. 터키의 성적은 1승 몇 무 몇 패입니까?
2무 0패

❸ 리그의 모든 경기에서 승리한 횟수는 패한 횟수와 같습니다. 한국은 몇 승 몇 무입니까? 2승 1무

승리한 팀이 있으면 패배한 팀이 있는 거지. 당연히 승리한 횟수와 패배한 횟수는 같은 거란다.

리그의 모든 경기에서 패한 횟수는 이란 1패, 호주 3패로 모두 4패입니다. 패한 횟수와 승리한 횟수는 같고, 터키 1승, 이란 1승이므로 한국은 2승이 됩니다.

---

1 다음 표는 지오네 모둠 4명이 리그 형식으로 가위바위보를 한 결과입니다. 지오의 경기 결과를 쓰시오. 2승 1패

모두 3번씩 경기를 했어.

이름	결과 승	무	패
초이	1	1	1
태경	1	0	2
아인	1	1	1
지오	2	0	1

승과 패의 수가 같아야 해.

2 가, 나, 다, 라 네 팀이 리그 방식으로 피구 경기를 하였습니다. 이기면 4점, 비기면 2점을 받고, 지면 점수를 받지 못합니다. 가, 나, 다 팀의 점수가 다음과 같을 때, 라 팀의 점수를 구하시오. 6점

가 팀: 6점	나 팀: 8점	다 팀: 4점

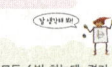

총 경기 횟수는 6번이고, 경기를 한 번 할 때마다 4점의 점수가 생기므로 점수의 총합은 6×4=24(점)입니다.
따라서 라 팀의 점수는 24−6−8−4=6(점)입니다.

경기를 모두 6번 하는데, 경기를 한 번 할 때마다 점수의 합이 4점씩 생기는 거야.

🏆 리그와 토너먼트

월드컵 축구 대회 본선에서는 리그와 토너먼트 방식을 함께 사용하여 우승팀을 가립니다.

- 본선에 출전한 32개 팀은 4팀씩 묶어 8조로 나눕니다.
- 각 조별로 리그 방식으로 경기를 하여 2팀씩 뽑습니다.
- 뽑힌 16개 팀은 토너먼트 방식으로 경기를 하여 우승팀을 가립니다.

한 조에 4팀이 리그전을 하는구나.

리그전을 통해 뽑힌 16개 팀이 토너먼트으로 우승을 가리지.

❶ 한 조에서 4팀이 리그전을 치릅니다. 각 조는 몇 번 경기를 합니까? 6번
4팀이 리그 방식으로 서로 한 번씩 경기하는 횟수를 구합니다.
3+2+1=6(번) 또는 4×3÷2=6(번)

❷ 리그 방식의 총 경기 횟수를 구하시오. 48번
한 조에 6번씩 모두 8조가 있으므로 총 경기 횟수는 6×8=48(번)입니다.

❸ 조별 경기에서 뽑힌 16개 팀이 토너먼트 방식으로 경기를 치릅니다. 토너먼트 방식으로 모두 몇 번 경기를 합니까? 15번

❹ 토너먼트 방식에서는 3, 4위전이 없지만 월드컵 대회는 3, 4위전을 결승전 직전에 합니다. 월드컵 대회 기간 중 모두 몇 번 경기를 합니까? 64번
리그전: 48번, 토너먼트: 15번, 3, 4위전: 1번
48+15+1=64(번)

---

1 아인이네 반에서 오목 대회를 개최하려고 합니다. 반 학생 20명을 똑같이 4개의 조로 나누어 각 조마다 리그 방식으로 예선전을 치르고, 각 조의 1, 2위가 모여 토너먼트 방식으로 우승자를 결정합니다. 총 경기 횟수는 몇 번입니까? 47번

리그 방식 경기 횟수: 한 조의 학생 수는 20÷4=5(명)이므로 한 조에서 하는 경기 횟수는 4+3+2+1=10(번)이고, 모두 4개 조이므로 리그 방식 경기 횟수는 10×4=40(번)입니다.
토너먼트 방식 경기 횟수: 각 조의 1, 2위가 모이면 학생 수는 모두 2×4=8(명)이므로 토너먼트 방식 경기 횟수는 8−1=7(번)입니다.
총 경기 횟수: 40+7=47(번)

2 8개의 팀이 테니스 대회를 하는데 리그 방식으로 경기를 한 다음, 성적이 좋은 4개의 팀이 토너먼트 방식으로 경기를 하여 우승팀을 결정합니다. 현재 22경기가 진행되었다고 할 때, 우승팀이 나오기까지 경기를 몇 번 더 해야 합니까? 9번

4팀이 리그전을 하면 경기 수는 1+2+3=6(번)
5팀이 리그전을 하면 경기 수는 1+2+3+4=10(번)
6팀이 리그전을 하면 경기 수는 1+2+3+4+5=15(번)

리그 방식 경기 횟수: 7+6+5+4+3+2+1=28(번)
또는 8×7÷2=28(번)
토너먼트 방식 경기 횟수: 4−1=3(번)
총 경기 횟수: 28+3=31(번)
따라서 경기를 31−22=9(번) 더 해야 합니다.

6 지불할 수 있는 금액

초이와 친구들은 놀이공원에 놀러 갔다가 사격장에서 사격을 했습니다. 5발을 쏴서 맞힌 점수의 합에 맞게 선물을 받습니다.

점수	상품
0점~140점	꽝
150점~200점	작은 인형
210점~350점	큰 인형

초이는 사격이 끝난 후 작은 인형을 받았습니다.

난 몇 점을 받은 거지?

40점짜리 5발을 맞추면 200점이야.

나는 초이가 170점을 받지 않았다는 것을 알 수 있어.

초이가 받을 수 있는 점수를 표로 나타내었습니다. 표를 채우고 초이가 받을 수 있는 점수를 모두 쓰시오.

70점	40점	0점	점수
1	2	2	150
0	4	1	160
2	1	2	180
1	3	1	190
0	5	0	200

150점, 160점, 180점, 190점, 200점

다음과 같은 과녁에 3개의 화살을 맞혀서 15점이 되는 경우는 모두 몇 가지입니까? **2가지**

난 사격보다 양궁을 잘 하지.

7점	5점	1점
2	0	1
0	3	0

체크 포인트

주어진 동전으로 지불할 수 있는 금액을 구할 때에는 동전을 바꾸어 보면서 찾아볼 수 있습니다.

100원짜리, 500원짜리로 2000원을 만들 수 있는 경우

① 500원짜리 동전을 가장 많이 사용하는 경우는 500×4=2000(원)으로 1가지입니다.

② 500원짜리 동전을 100원짜리 동전으로 바꾸는 경우는 500원짜리 동전이 3개, 2개, 1개, 0개인 경우로 나누어 생각하여 나머지 금액을 모두 100원짜리로 바꿉니다.

500원짜리 동전이 3개인 경우

③ 2000원을 만들 수 있는 모든 경우는 500원짜리 동전이 4개, 3개, 2개, 1개, 0개인 경우이므로 모두 5가지입니다.

가짓수 구하기

1000원짜리 지폐 한 장을 500원, 100원, 50원짜리 동전으로 바꾸려고 합니다. 바꾸는 방법은 모두 몇 가지인지 알아봅시다.

❶ □ 안에 알맞은 수를 써넣어 나뭇가지 그림을 완성하시오.

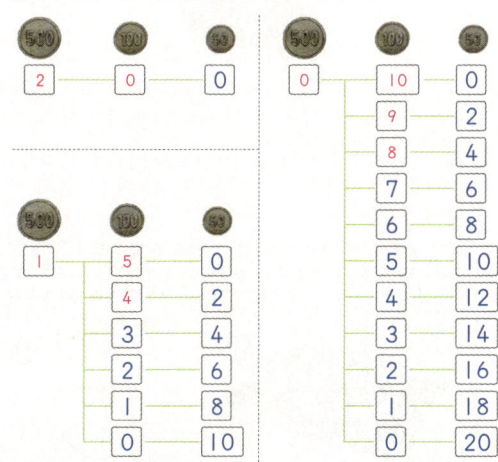

❷ 동전으로 바꾸는 방법은 모두 몇 가지입니까? **18가지**

[공책 값 지불하기]

1 지오는 1500원짜리 공책을 사려고 합니다. 지오에게 50원, 100원, 500원짜리 동전이 각각 4개씩 있을 때, 공책 값을 낼 수 있는 방법은 모두 몇 가지입니까? **3가지**

동전을 몇 개씩 내면 1500원이 되는 거지?

500원	100원	50원
3	0	0
2	4	2
2	3	4

[과녁의 점수]

2 다음과 같은 과녁에 화살 3발을 쏘아 모두 맞혔을 때, 얻을 수 있는 서로 다른 점수의 합은 모두 몇 가지입니까? **7가지**

5점	3점	1점	점수
3	0	0	15
2	1	0	13
2	0	1	11
1	2	0	11
1	1	1	9
1	0	2	7
0	3	0	9
0	2	1	7
0	1	2	5
0	0	3	3

화살이 다른 곳에 맞았지만 점수의 합은 같을 수도 있어.

48 49

🏹 나올 수 없는 점수

오른쪽 과녁에 화살을 여러 번 쏘았을 때, 나올 수 없는 점수를 알아봅시다.

화살을 1번 쏘면
3점,
5점

화살을 3번 쏘면
3+3+3=9점,
3+3+5=11점,
3+5+5=13점,
5+5+5=15점

화살을 2번 쏘면
3+3=6점,
3+5=8점,
5+5=10점

❶ 다음 중 화살을 쏘아서 나올 수 있는 점수에 모두 ◯표 하시오.

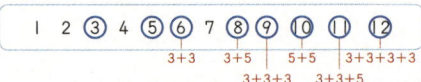

1 2 ③ 4 ⑤ ⑥ 7 ⑧ ⑨ ⑩ ⑪ ⑫
　　　3+3　3+5　　5+5　3+3+3
　　　　　3+3+3　3+3+5

❷ 나올 수 있는 점수를 낮은 점수부터 늘어놓았을 때 연속된 세 점수는

　　8점　　9점　　10점

입니다. 위 점수에서 3점 과녁에 한 번씩 더 맞히면 각각 몇 점이 됩니까?

　11 점，　12 점．　13 점
　8+3　　9+3　　10+3

❸ 같은 방법으로 3점 과녁을 맞히면 8점부터는 모두 나올 수 있습니다. 화살을 쏘아서 나올 수 없는 점수를 모두 쓰시오. 1점, 2점, 4점, 7점

[나올 수 있는 점수]

1 다음과 같은 과녁에 화살을 여러 번 쏘아 나올 수 있는 점수에 모두 ◯표 하시오.

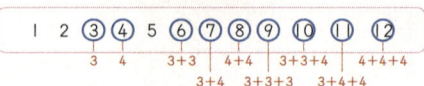

1 2 ③ 4 ⑤ ⑥ ⑦ ⑧ ⑨ ⑩ ⑪ ⑫
　　3　4　　3+3　4+4　　3+3+4　4+4+4
　　　　3+4　3+3+3　　3+4+4

[숫자 카드로 만들 수 없는 수]

2 태경이는 2가지 숫자 카드를 여러 장씩 가지고 있습니다. 가지고 있는 숫자 카드의 합으로 만들 수 없는 수 중 가장 큰 수를 구해 보시오. 11

만들 수 있는 수를 작은 수부터 차례대로 쓰고, 연속으로 나오는 3개의 수를 찾아야 해.

만들 수 있는 수를 작은 수부터 차례대로 쓰면

3　6　7　9　10　12　13　14　15……
(3+3)　(3+3+3)　(3+3+3+3)　(7+7)　(3+3+3+3+3)
　　　　(3+7)　　　　(3+3+7)

처음으로 연속으로 나오는 세 수는 12, 13, 14이므로 12부터는 모든 수를 만들 수 있습니다. 따라서 만들 수 없는 수 중 가장 큰 수는 11입니다.

50 51

🧒 창의적 문제해결력

1 태경이네 학교 남학생 32명이 토너먼트 방식으로 씨름을 했습니다. 태경이는 결승전에서 아깝게 져서 준우승을 차지하였습니다. 전체 씨름 경기에서 태경이가 참여하지 않은 경기는 모두 몇 번입니까? 26번

전체 경기 횟수: 31번
태경이가 한 경기 횟수: 5번
태경이가 참여하지 않은 경기 횟수: 31-5=26(번)

2 어느 배구 경기가 리그 방식으로 진행되어 모두 21번 경기를 합니다. 만약 이 배구 경기가 토너먼트 방식으로 진행된다면 리그 방식보다 경기를 몇 번 적게 합니까? 15번

1+2+3+…+(□-1)=21 ➡ □=7이므로
배구 경기에 모두 7팀이 참가하였습니다.
토너먼트 방식의 경기 횟수는 7-1=6(번)이므로,
21-6=15(번) 적게 합니다.

📹 동영상 특강
QR 코드를 찍어 보세요!!!

3 길이가 각각 20cm와 50cm인 두 가지 종류의 막대가 여러 개 있습니다. 막대 여러 개를 겹치지 않게 이어 붙여 5m 10cm를 만드는 방법은 모두 몇 가지입니까? (단, 막대를 붙이는 순서가 달라도 막대의 개수가 같으면 같은 방법으로 봅니다.) 5가지

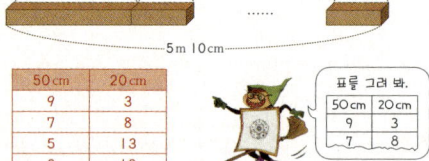

50 cm	20 cm
9	3
7	8
5	13
3	18
1	23

표를 그려 봐.

50 cm	20 cm
9	3
7	8

4 1, 2, 3이 적힌 숫자 카드가 8장씩 있습니다. 이중 8장을 사용하여 수의 합이 16이 되도록 만드는 서로 다른 방법은 몇 가지입니까? 5가지

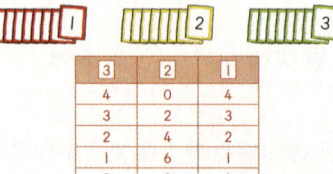

3	2	1
4	0	4
3	2	3
2	4	2
1	6	1
0	8	0

정답 및 해설 **11**

⑦ 그림그래프

태경이와 초이는 같은 반 학생을 대상으로 받고 싶은 선물과 아이들의 장래 희망에 대해 조사한 후 발표하였습니다.

나는 받고 싶은 선물을 조사했어.

태경

받고 싶은 선물

책	卌I
블록 장난감	卌 III
휴대 전화	卌 卌 卌I
인형	卌
필통	III
게임기	II

나는 장래 희망에 대해 조사했어.

초이

장래 희망

5명 ● 1명

지오의 장래 희망은 선생님입니다. 장래 희망이 선생님인 초이네 반 학생은 몇 명입니까? **7명**

나는 아이들을 훌륭하게 가르치는 선생님이 되고 싶어.

다음은 태경이가 조사한 자료를 다르게 나타낸 것입니다. 그림을 완성하시오.

받고 싶은 선물

책	卌I
블록 장난감	卌 III
휴대 전화	卌 卌 卌I
인형	卌
필통	III
게임기	II

→

받고 싶은 선물

| 책 | 블록 장난감 | 휴대 전화 |
| 인형 | 필통 | 게임기 |

● 5명 ● 1명

노크 포인트

그림그래프는 다음과 같은 특징이 있습니다.
① 그림으로 어떤 자료인지 예측이 가능하고 재미있게 나타낼 수 있습니다.
② 그림의 크기를 다르게 해서 수량의 많고 적음을 쉽게 알 수 있습니다.
③ 지역이나 위치를 보기 편리합니다.

마을별 작년에 태어난 아기의 수

| 가 | 나 |
| 다 | |

🧢 10명
🧢 1명

그림그래프 그리기

태경이네 학교 3학년 학생들이 사는 마을을 조사한 표를 보고 그림그래프로 나타내어 봅시다.

마을별 3학년 학생 수

마을	청솔	무지개	아름	장미	합계
학생 수	47	22	73	74	216

❶ 표의 빈칸에 알맞은 수를 쓰시오. **216−47−22−74=73**

❷ ● 와 ● 를 사용하여 그림그래프를 그리려고 합니다. 각 그림이 나타내는 크기를 정해 보시오.

● : [10] 명   ● : [1] 명

❸ 그림그래프를 완성하시오.

마을별 3학년 학생 수

| 청솔 | 무지개 |
| 아름 | 장미 |

● 10명
● 1명

[학생들이 태어난 계절]

1 계절별로 태어난 학생 수를 나타낸 표와 그림그래프입니다. 봄의 그림그래프를 보고 나머지 계절의 그림그래프를 완성하시오.

학생들이 태어난 계절

태어난 계절	학생 수
봄	32
여름	28
가을	21
겨울	16

학생들이 태어난 계절

| 봄 | 여름 |
| 가을 | 겨울 |

● 10명
● 1명

[쌀 생산량]

2 네 마을의 쌀 생산량을 나타낸 그림그래프입니다. 강의 위쪽 마을이 강의 아래쪽 마을보다 쌀 70가마를 더 생산했습니다. 가 마을의 쌀 생산량을 그리시오.

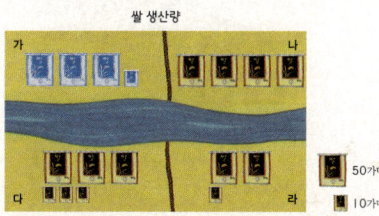

쌀 생산량

50가마
10가마

강 아래쪽 마을의 쌀 생산량은 180+110=290(가마), 강 위쪽 마을의 쌀 생산량은 290+70=360(가마), 나 마을의 쌀 생산량은 200가마이므로 가 마을의 쌀 생산량은 360−200=160(가마)입니다.

58 · 59

🐭 그림그래프 해석하기

아인이가 마을 사람들 58명을 대상으로 좋아하는 과일 또는 채소를 조사하여 그림그래프로 나타내었습니다.

좋아하는 과일 또는 채소

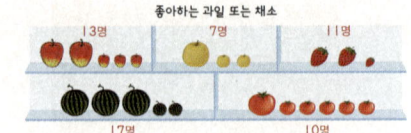

13명 7명 11명
17명 10명

❶ 큰 그림과 작은 그림은 각각 몇 명을 나타냅니까?

큰 그림: [5]명 작은 그림: [1]명

❷ 토마토는 그림을 잘못 그렸습니다. 바르게 고쳐서 그리시오.

→

❸ 위 그래프에 따르면 아인이네 마을의 가게에서 가장 많이 팔릴 것으로 예상되는 것은 무엇입니까? **수박**

> 좋아하는 사람이 많으면 많이 팔리겠지. 그렇지 않아?

[자주 먹는 채소]

1 태경이는 마을 사람들이 평소에 자주 먹는 채소를 조사하여 그림그래프로 나타내었습니다. 동네 마트에서 많이 팔릴 것으로 예상되는 채소를 순서대로 쓰시오.

고추 – 당근 – 오이 – 양파

자주 먹는 채소

채소	사람 수
고추	●●● ● 31명
오이	● ●● 12명
양파	●●● ● 6명
당근	● ●● 21명

● 10명 ● 1명

[보고 싶은 동물]

2 학생들이 동물원에서 가장 보고 싶어하는 동물들을 조사하여 그림그래프로 나타낸 것입니다. 가장 많은 학생들이 보고 싶어하는 동물과 가장 적은 학생이 보고 싶어하는 동물의 학생 수의 차를 구하시오. **9명**

동물원에서 가장 보고 싶어하는 동물

동물	학생 수
원숭이	■▲▲ 7명
기린	■■▲ 11명
곰	■▲▲▲▲ 9명
하마	▲▲ 2명

■ 5명 ▲ 1명

---

60 · 61

⑧ 여러 가지 그래프

지오는 어린이 신문에 나온 여러 가지 그래프를 모았습니다.

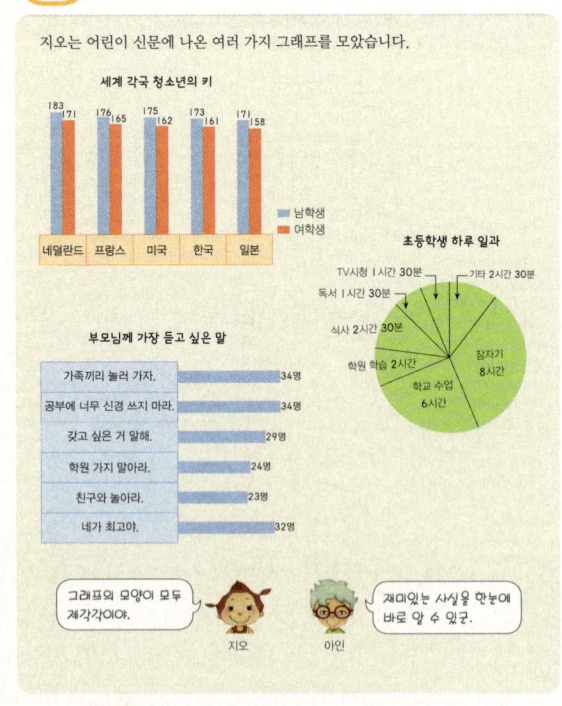

세계 각국 청소년의 키

183 171 176 165 175 162 173 161 171 158
네덜란드 프랑스 미국 한국 일본
■ 남학생 ■ 여학생

초등학생 하루 일과

TV시청 1시간 30분 기타 2시간 30분
독서 1시간 30분
식사 2시간 30분
학원 학습 2시간 잠자기 8시간
학교 수업 6시간

부모님께 가장 듣고 싶은 말

가족끼리 놀러 가자. 34명
공부에 너무 신경 쓰지 마라. 34명
갖고 싶은 거 말해. 29명
학원 가지 마라. 24명
친구와 놀아라. 23명
네가 최고야. 32명

> 그래프의 모양이 모두 제각각이야. 지오
> 재미있는 사실을 한눈에 바로 알 수 있군. 아인

⬇ 지오가 모은 어린이 신문에 난 여러 가지 그래프를 보고 다음 물음에 답하시오.

● 청소년의 키가 우리나라보다 작은 나라를 찾아보시오. **일본**

● 초등학생의 하루 일과 중 잠자는 시간을 빼고 가장 많이 시간을 보내는 것은 무엇입니까? **학교 수업**

● 가장 많은 학생들이 부모님께 듣고 싶은 말 2가지를 쓰시오.
가족끼리 놀러 가자. 공부에 너무 신경 쓰지 마라.

🧙 노트 포인트

다음과 같이 여러 가지 그래프가 있습니다.

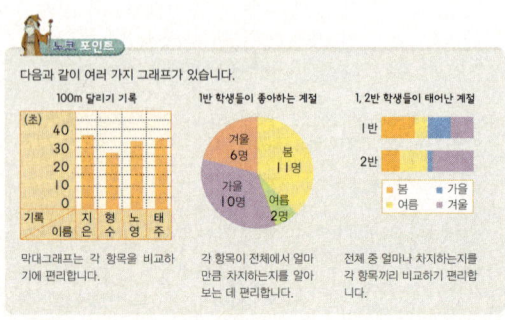

100m 달리기 기록

(초)
40
30
20
10
기록
이름 지은 형수 노영 태주

막대그래프는 각 항목을 비교하기에 편리합니다.

1반 학생들이 좋아하는 계절

겨울 6명 봄 11명
가을 10명 여름 2명

각 항목이 전체에서 얼마만큼 차지하는지를 알아보는 데 편리합니다.

1, 2반 학생들이 태어난 계절

1반
2반

■ 봄 ■ 가을
■ 여름 ■ 겨울

전체 중 얼마나 차지하는지를 각 항목끼리 비교하기 편리합니다.

정답 및 해설 **13**

여러 가지 그래프 해석하기

아인이는 모둠 친구들이 체육 시간에 공을 던진 거리를 그래프로 나타내었습니다.

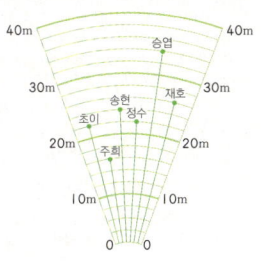

내가 생각해도 맛있는 그래프야! 무엇을 나타내는지는 물론 친구들의 기록을 한눈에 알 수 있어!

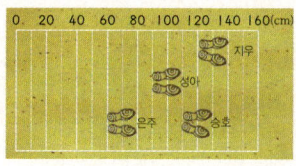

❶ 공을 가장 멀리 던진 학생은 누구입니까? **승엽**

❷ 재호는 주희보다 몇 m 더 멀리 던졌습니까? **10 m**
26 − 16 = 10(m)

❸ 초이와 같은 거리를 던진 학생은 누구입니까? **정수**

❹ 다음과 같은 말을 할 수 있는 사람은 누구입니까? **송현**

> 나보다 공을 가깝게 던진 친구가 나보다 멀리 던진 친구보다 1명 더 많아.

[멀리뛰기]
1 초이는 모둠 친구들이 멀리뛰기를 한 기록을 나타내었습니다. 승호의 멀리뛰기 기록이 110 cm라고 할 때, 나머지 친구들의 멀리뛰기 기록을 구하시오.

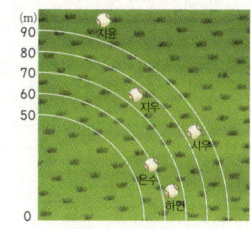

은주: **60** cm   성아: **90** cm   지우: **120** cm

[홈런]
2 지오는 야구 게임에서 모둠 친구들이 친 공이 날아간 거리를 오른쪽과 같이 그래프로 나타내었습니다. 공을 80 m 보다 멀리 치면 홈런이라고 할 때, 홈런을 친 친구들의 이름을 모두 쓰시오.

시우, 지윤

상관 그래프

다음은 지오네 가족 사진입니다. 지오가 제일 앞에서 사진을 찍었습니다.

오른쪽부터 엄마, 아빠, 오빠, 삼촌, 할아버지입니다.

지오네 가족의 키와 나이를 비교하여 그래프를 그렸습니다. 가족 사진과 그래프를 보고 각 기호가 나타내는 사람이 누구인지 알아봅시다. (단, 오른쪽으로 갈수록 나이가 많아지고 위로 갈수록 키가 큽니다.)

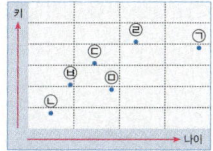

❶ ㉣과 ㉠은 키가 비슷하지만 ㉠은 나이가 제일 많습니다. ㉠과 ㉣은 각각 누구입니까? ㉠: **할아버지**, ㉣: **아빠**

❷ ㉢은 누구입니까? **지오**

❸ 삼촌은 엄마보다 나이가 적고, 오빠는 엄마보다 키가 큽니다. 다음 기호가 나타내는 사람은 누구입니까?

㉢: **삼촌**   ㉤: **엄마**   ㉥: **오빠**

[수학과 국어 성적]
1 다음은 태경이네 반 학생 5명의 수학과 국어 성적을 나타낸 그래프입니다. 국어 성적보다 수학 성적이 높은 학생의 이름을 모두 쓰시오. **성아, 수영, 태경**

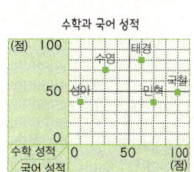

수학과 국어 성적

국철이는 수학 성적보다 국어 성적이 더 높네.

[키와 몸무게]
2 진우네 모둠 4명의 키와 몸무게를 나타낸 그래프입니다.

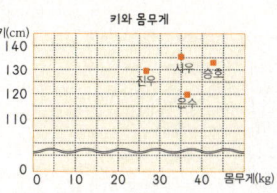

키와 몸무게

❶ 진우보다 키는 작지만 몸무게는 많이 나가는 학생은 누구입니까? **은수**

❷ 승호보다 키는 크지만 몸무게는 적게 나가는 학생은 누구입니까? **시우**

---

14 C8 경우의 수와 통계

⑨ 그래프의 해석

대마왕은 아이들이 하고 싶은 것을 조사하여 그래프로 나타내었습니다.

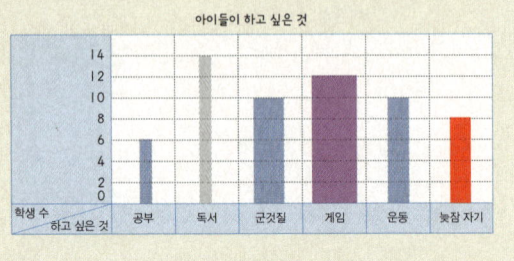

아이들이 하고 싶은 것

아이들이 가장 좋아하는 것은 역시 게임이야. 한눈에 봐도 알 수 있어. 또, 늦잠 자기도 눈에 띄는군.

막대의 굵기와 색을 다르게 해서 눈속임을 하다니!

대마왕   멀린

그래프를 바르게 그려 보시오.

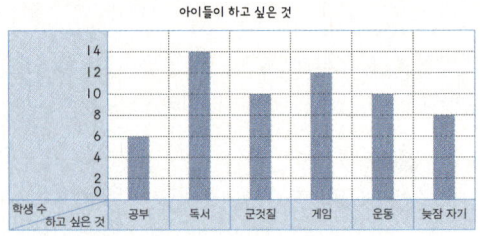

아이들이 하고 싶은 것

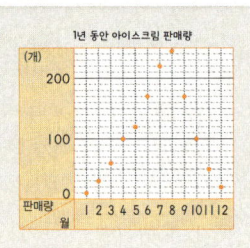

콕콕 포인트

그래프를 보고 그래프에 나와 있지 않은 사실을 예상해 볼 수도 있습니다.

차가운 아이스크림이 가장 많이 팔린 8월의 날씨가 가장 더울 것이라는 것을 예상해 볼 수 있습니다.

또, 많지는 않지만 한겨울에도 아이스크림을 먹는 사람이 있다는 것을 알 수 있습니다.

1년 동안 아이스크림 판매량

🐾 그래프 해석하기

태경이와 초이가 5월, 7월에 본 수학 시험의 점수를 그래프로 나타내었습니다.

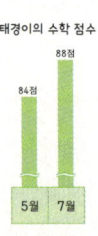 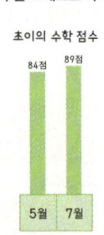

❶ 태경이의 7월 수학 점수는 5월보다 몇 점 더 올랐습니까? **4점**

❷ 초이의 7월 수학 점수는 5월보다 몇 점 더 올랐습니까? **5점**

❸ 태경이와 초이 중 7월 수학 점수가 5월보다 더 많이 오른 사람은 누구입니까? **초이**

끊어진 그래프는 막대가 너무 길어질 때 그래프를 보기 편하도록 막대를 생략해서 나타내는 거야.

---

1 [장난감 판매량]
어느 장난감 가게의 1월부터 5월까지의 장난감 판매량을 물결을 사용한 막대그래프로 나타내었습니다. 가장 많이 판매한 달은 가장 적게 판매한 달보다 몇 개 더 많이 팔았습니까? **187개**

장난감 판매량

203−16=187(개)

2 [종아하는 간식]
초등학생 140명에게 좋아하는 간식을 물어 본 결과를 그래프로 나타내었습니다.

좋아하는 간식

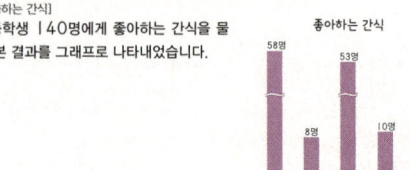

❶ 피자가 좋다고 대답한 학생은 치킨이 좋다고 대답한 학생보다 몇 명이 더 많습니까? **5명**
58−53=5(명)

❷ 치킨이 좋다고 대답한 학생은 빵이 좋다고 대답한 학생보다 몇 명이 더 많습니까? **42명**
53−11=42(명)

얼굴 그림그래프

태경이는 규칙에 따라 친구들이 하루에 양치를 하는 횟수와 충치의 수를 조사하여 얼굴 그림그래프로 나타내려고 합니다.

하루 양치 횟수

횟수	3번	2번	1번
눈 모양	⌒⌒	― ―	⌄⌄

충치 수

충치 수	없음	보통	많음
입 모양	⌣	―	⌢

양치 횟수는 눈으로, 충치 수는 입으로 나타내는 거야.
태경

양치 2번
충치 없음

양치 1번
충치 보통

태경이네 반 학생들이 하루에 양치를 하는 횟수와 충치의 수를 보고 얼굴 그림 그래프로 나타내시오.

하루에 양치는 3번을 해야 해. 그러면 충치는 없을 거야.

양치 횟수와 충치 수

이름	수인	민아	태산
양치 횟수	3번	1번	2번
충치 수	없음	많음	보통

 수인  민아   태산

[과일 모양과 맛]

1 아인이는 집에 있는 과일의 모양과 맛을 평가하여 다음 규칙에 따라 얼굴 그림 그래프로 나타내려고 합니다. 그래프를 완성하시오.

과일의 모양

모양	예쁨	보통	못생김
눈 모양	⌃⌃	╱╱	╲╱

과일의 맛

맛	맛있음	보통	맛없음
입 모양	●	○	⊖

과일의 모양과 맛

과일	사과	배	포도
모양	예쁨	못생김	보통
맛	맛없음	맛있음	보통

사과 배 포도

[독서량과 운동량]

2 지오네 반 학생들의 독서량과 운동량을 조사하여 다음 규칙에 따라 얼굴 그림 그래프로 나타내려고 합니다. 그래프를 완성하시오.

독서량

독서량	많음	보통	적음
눈 모양	◡◡	◉◉	⊙⊙

운동량

운동량	많음	보통	적음
입 모양	○	○	⌢

학생들의 독서량과 운동량

이름	인혜	지호	명선
독서량	많음	적음	보통
운동량	적음	보통	많음

인혜 지호 명선

창의적 문제해결력

1 다음은 어느 서점의 초등학생 코너에서 어제 하루 동안 팔린 책을 그림그래프로 나타낸 것입니다. 초등학습서는 백과사전보다 10권이 더 팔렸고 학습만화는 동화책보다 11권이 더 팔렸을 때, 위인전은 모두 몇 권이 팔렸는지 구하시오.   13권

어제 하루 동안 팔린 책

책의 종류	개수(권)
동화책	📙📗📗📗
위인전	📙📗📗📗
백과사전	📙📗📗
학습만화	📙📗📗📗📗
초등학습서	📙📗📗

큰 그림은 10권, 작은 그림은 1권을 나타냅니다.

2 학생들이 좋아하는 계절을 조사한 내용을 보고 그래프를 완성하시오.

학생들이 좋아하는 계절

㉠ 모두 27명의 학생을 조사하였습니다.
㉡ 여름과 겨울을 좋아하는 학생은 모두 11명입니다.
㉢ 봄을 좋아하는 학생은 가을을 좋아하는 학생보다 2명이 더 많습니다.

㉡에서 여름을 좋아하는 학생이 6명이라는 것을 알 수 있습니다.
봄과 가을을 좋아하는 학생이 16명이고, 봄을 좋아하는 학생이 가을을 좋아하는 학생보다 2명이 많으므로 봄은 9명 가을은 7명입니다.

(세로축: 학생 수 0~9, 가로축: 봄, 여름, 가을, 겨울)

🎬 동영상 특강
QR 코드를 찍어 보세요!!!

3 다음은 어느 도시의 1월부터 6월까지의 남녀 초등학생 수를 나타낸 그래프입니다. 여학생이 지난달보다 가장 많이 줄어든 달에 남학생은 지난달보다 몇 명이 줄어들었습니까?   16명

어느 도시의 남녀 초등학생 수

(세로축: 학생 수 550, 600, 650, 700 / 가로축: 월 1~6)
남학생: 651, 660, 678, 623, 599, 598
여학생: 672, 678, 662, 652, 661, 661, 643

■ 남학생
■ 여학생

여학생이 전달보다 가장 많이 줄어든 달은 3월입니다.
남학생은 3월에 678−662=16(명) 줄어들었습니다.

4 다음은 태경이네 반 학생의 키와 몸무게를 나타낸 그래프입니다. 국철이보다 키는 크지만 몸무게는 적게 나가는 학생은 누구입니까?   태경

태경이네 반 학생의 키와 몸무게

(세로축: 키(cm) 120, 130, 140, 150 / 가로축: 몸무게 0 10 20 30 40 (kg))
수영, 태경, 국철, 성아, 민혁

10 경우의 수와 가능성

태경이가 주사위를 던졌을 때 나오는 경우에 대해 친구에게 물어 봅니다.

주사위를 던졌을 때 일어날 수 있는 경우는 몇 가지일까?
태경

주사위의 수는 1부터 6까지 있잖아. 당연히 6가지야.
지오

그런데 아인이와 초이는 다른 대답을 합니다.

지난 번에 주사위를 굴렸는데 옷장 아래로 들어갔어. 그러니까 안 나오는 경우도 있는 거야.
아인

나는 주사위를 이불 위에 던졌더니 주사위가 옆으로 서 있었어.
초이

도대체 몇 가지 경우가 있는 거죠?

아인이나 초이의 경우처럼 특별한 경우는 생각하지 않아야 한단다.
멀린

동전을 던졌을 때 나올 수 있는 여러 가지 상황입니다. 아주 특별한 상황에서 일어날 수 있는 일이라서 경우를 따지지 않는 것의 기호를 쓰시오. ⓛ

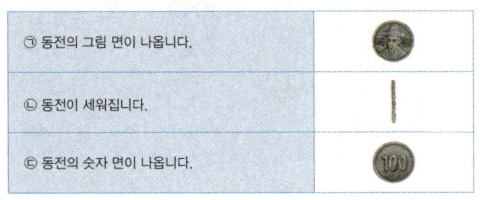

㉠ 동전의 그림 면이 나옵니다.	
ⓛ 동전이 세워집니다.	
㉢ 동전의 숫자 면이 나옵니다.	

노크 포인트

경우의 수는 어떤 일이 일어날 수 있는 경우의 가짓수를 말하는데 아주 특별한 경우에 일어나는 일은 포함하지 않습니다. 경우의 수에 따라 어떤 일이 일어날 수 있는 가능성이 달라집니다.

주사위를 던질 때 경우의 수는 6입니다.

1이 나오는 경우의 수는 1이고, 짝수가 나오는 경우의 수는 3입니다. 따라서 1보다 짝수가 나올 가능성이 더 높습니다.

동전을 던질 때 경우의 수는 2입니다.

그림 면이 나올 경우의 수는 1이고, 숫자 면이 나올 경우의 수는 1입니다. 따라서 그림 면과 숫자 면이 나올 가능성은 같습니다.

여러 가지 조건의 경우의 수

다음 주머니에서 공을 1개 꺼낼 때 여러 가지 경우의 수를 구해 봅시다.

경우의 수란 일어날 수 있는 모든 경우의 가짓수를 말해.

색깔이 다른 공이 나오는 경우는 빨간색, 파란색으로 2가지야.

❶ 파란색 공이 나오는 경우에 ○표 하고, 경우의 수를 쓰시오.

 경우의 수: 4

❷ 빨간색 공이 나오는 경우에 ○표 하고, 경우의 수를 쓰시오.

 경우의 수: 3

❸ 홀수가 쓰인 파란색 공이 나오는 경우에 ○표 하고, 경우의 수를 쓰시오.

경우의 수: 3

[여러 가지 경우의 수]

1 경우의 수가 작은 순서대로 기호를 쓰시오.

㉠ 1부터 6까지 수가 적힌 주사위 던지기   경우의 수: 6

ⓛ 돌림판 돌리기   경우의 수: 3

㉢ 동전 1개 던지기   경우의 수: 2

㉢ → ⓛ → ㉠

[카드 꺼내기]

2 카드 5장을 상자 안에 넣어 골고루 섞은 다음 카드 한 장을 꺼냈을 때 나올 수 있는 각각의 경우의 수를 선으로 이으시오.

같은 것이 나오는 경우는 한 가지 경우로 생각해.

4 3 5 4 2

카드의 숫자 2, 3, 4, 5		2
숫자의 색깔 검정, 빨강		3
카드의 색깔 파랑, 초록, 빨강		4

정답 및 해설 **17**

🐷 가능성의 비교

1부터 20까지의 수가 적힌 주사위를 던졌을 때 여러 가지 경우의 수를 구해 봅시다.

주사위를 여러 번 던져 봐야 하는 건가?

❶ 주사위를 던졌을 때 나오는 경우의 수를 구하시오. **20**

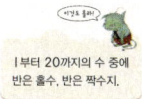

❷ 짝수가 나오는 경우의 수를 구하시오. **10**

1부터 20까지의 수 중에 반은 홀수, 반은 짝수지.

❸ 숫자 3이 들어 있는 수가 나오는 경우의 수를 구하시오. **2**
3, 13 → 2가지

❹ 숫자 1이 들어 있는 수가 나오는 경우와 숫자 2가 들어 있는 수가 나오는 경우 중 나올 수 있는 가능성이 높은 것은 어느 것입니까?
숫자 1이 들어 있는 수가 나오는 경우
숫자 1이 들어 있는 경우: 1, 10, 11, 12, 13, 14, 15, 16, 17, 18, 19 → 11가지
숫자 2가 들어 있는 경우: 2, 12, 20 → 3가지

80

[카드의 숫자]

1 1부터 50까지 쓰여진 카드가 한 장씩 있습니다. 카드를 섞어 한 장을 뽑을 때, 숫자 1, 숫자 5, 숫자 8이 들어간 카드 중 뽑힐 가능성이 가장 높은 것은 어느 것입니까? **숫자 1이 들어간 카드**

50에 숫자 5가 들어간다는 것을 잊으면 안 돼!

숫자 1이 포함된 경우: 1, 10, 11, 12, 13, 14, 15, 16, 17, 18, 19, 21, 31, 41
→ 14가지
숫자 5가 포함된 경우: 5, 15, 25, 35, 45, 50 → 6가지
숫자 8이 포함된 경우: 8, 18, 28, 38, 48 → 5가지

[가능성이 높은 경우]

2 1부터 12까지의 수가 적힌 주사위를 던졌을 때, 나올 수 있는 가능성이 가장 낮은 경우의 기호를 쓰시오. **㉣**

㉠ 5보다 작은 수가 나오는 경우
㉡ 숫자 1이 들어가는 수가 나오는 경우
㉢ 짝수가 나오는 경우
㉣ 9보다 큰 수가 나오는 경우

㉠ 1, 2, 3, 4 → 4가지
㉡ 1, 10, 11, 12 → 4가지
㉢ 2, 4, 6, 8, 10, 12 → 6가지
㉣ 10, 11, 12 → 3가지

🔟1️⃣1️⃣ 공정한 게임

장난 요괴와 거꾸로 요괴는 1부터 6까지 수가 적힌 주사위를 2개 던져서 술래를 정하기로 했습니다.

두 수의 곱이 홀수 이면 내가 술래!

두 수의 곱이 짝수 이면 내가 술래!

장난 요괴   거꾸로 요괴

주사위 2개를 던져서 짝수와 홀수가 나오는 경우입니다. 두 수의 곱이 짝수인 경우는 ○표, 홀수인 경우는 △표 하시오.

이렇게 술래를 정하는 것은 공정합니까? **공정하지 않습니다.**

🔹 주사위를 각각 던져 4보다 큰 수가 나오는 경우 이긴다고 할 때, ☐ 안에 가장 유리한 주사위부터 순서대로 번호를 쓰시오. (주사위 아래의 수의 범위는 주사위에 적힌 수를 나타냅니다.)

 **4**   **2**
1~8   1~12

 **5**   **1**    **3**
1~6   1~20   1~10

1, 2, 3, 4 이외의 다른 수가 많을수록 유리합니다.

큰 수가 많이 적혀 있을수록 유리할 거야.

🐶 토크 포인트

동전 1개를 던졌을 때 그림 면이 나올 가능성과 숫자 면이 나올 가능성은 똑같습니다. 따라서 두 사람이 동전의 면을 정하고 동전을 던져 승, 패를 정하는 게임은 공정한 게임입니다.

하지만 오른쪽 상자에서 색깔을 정하고 공을 한 개 꺼내서 승, 패를 정하는 게임은 공정하지 못합니다. 파란 공의 개수가 더 많아서 파란 공을 선택한 사람이 유리하기 때문입니다.

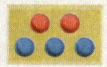

🦕 공정한지 알아보기

동전 2개를 던져 모두 같은 면이 나오면 초이가 이기고 다른 면이 나오면 태경이가 이깁니다. 공정한 게임인지 아닌지 알아봅시다.

두 동전의 면이 어떻게 나올까? 초이 직접 해 보자. 태경

❶ 동전 2개를 던졌을 때 나오는 경우를 모두 써 보시오.

(그림 면, 그림 면) **(그림 면, 숫자 면)**

(숫자 면, 그림 면) **(숫자 면, 숫자 면)**

❷ 같은 면이 나오는 경우의 수와 다른 면이 나오는 경우의 수를 차례로 쓰시오.

2, 2

❸ 이 게임은 공정합니까? 만약, 공정하지 않다면 누가 더 유리합니까?

공정합니다.

동전 3개를 던져서 모두 같은 면이 나오면 초이가 이기고 나머지 경우는 태경이가 이깁니다. 게임이 공정한지 알아보고, 만약 공정하지 않다면 더 유리한 사람의 이름을 쓰시오. **공정하지 않습니다. 태경**

(그림 면, 그림 면, 그림 면), (숫자 면, 숫자 면, 숫자 면) ➡ 2가지
(그림 면, 그림 면, 숫자 면), (그림 면, 숫자 면, 그림 면), (숫자 면, 그림 면, 그림 면), (그림 면, 숫자 면, 숫자 면), (숫자 면, 그림 면, 숫자면), (숫자 면, 숫자 면, 그림 면) ➡ 6가지

[공정한 주사위 게임]

1 지오와 아인이는 주사위 2개를 던져 나온 수의 합을 보고 다음과 같이 게임을 하기로 하였습니다. 표를 이용하여 게임이 공정한지 알아보고, 만약 공정하지 않다면 누구에게 더 유리한지 이름을 쓰시오. **공정한 게임입니다.**

합이 7, 8, 9, 10이면 내가 이기는 거야. 그 이외의 합이 나오면 내가 이기는 거지. 아인 지오

합	1	2	3	4	5	6
1	2	3	4	5	6	7
2	3	4	5	6	7	8
3	4	5	6	7	8	9
4	5	6	7	8	9	10
5	6	7	8	9	10	11
6	7	8	9	10	11	12

합이 7, 8, 9, 10인 경우: 18가지
합이 7, 8, 9, 10이 아닌 경우: 18가지

2 초이와 태경이가 동전 3개를 던져 나온 면을 보고 다음과 같이 케이크를 먹습니다. 이 게임이 공정한지 알아보고, 만약 공정하지 않다면 누구에게 더 유리한지 이름을 쓰시오. **공정한 게임입니다.**

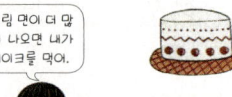

그림 면이 더 많이 나오면 내가 케이크를 먹어. 숫자 면이 더 많이 나오면 내가 케이크를 먹지.

그림 면이 더 많이 나올 경우: (그림 면, 그림 면, 그림 면), (그림 면, 그림 면, 숫자 면), (그림 면, 숫자 면, 그림 면), (숫자 면, 그림 면, 그림 면) ➡ 4가지
숫자 면이 더 많이 나올 경우: (숫자 면, 숫자 면, 숫자 면), (숫자 면, 숫자 면, 그림 면), (숫자 면, 그림 면, 숫자 면), (그림 면, 숫자 면, 숫자 면) ➡ 4가지
각각의 경우의 수가 모두 4이므로 공정한 게임입니다.

🦔 공정하게 만들기

두 상자 중 하나를 선택해서 공 2개를 꺼냅니다. 같은 색깔의 공이 나오면 이기고 다른 색깔의 공이 나오면 지는 게임을 할 때, 공정한 결과가 나오는 상자는 무엇인지 알아봅시다.

가 나

❶ 가 상자에서 다음과 같이 나오는 경우를 모두 써 보시오.

같은 색깔의 공이 나오는 경우	다른 색깔의 공이 나오는 경우
(2, 3)	(1, 2)
(2, 4)	(1, 3)
(3, 4)	(1, 4)

❷ 나 상자에서 다음과 같이 나오는 경우를 모두 써 보시오.

같은 색깔의 공이 나오는 경우	다른 색깔의 공이 나오는 경우
(1, 3)	(1, 2)(1, 4)
(2, 4)	(2, 3)(3, 4)

❸ 공정한 결과가 나오는 상자는 무엇입니까? **가 상자**

[공정한 바둑돌 게임]

1 흰색 바둑돌 2개와 검은색 바둑돌 1개가 들어 있는 통에서 2개의 바둑돌을 꺼내어 색이 같으면 이기는 게임을 하려고 합니다. 이 게임은 공정한 게임인지 알아보고, 만약 공정하지 않다면 어떤 색 바둑돌 한 개를 더 넣어야 공정해지는지 쓰시오. **공정하지 않은 게임입니다.**

흰색 바둑돌

흰색 바둑돌이 하나 더 있는 경우와 검은색 바둑돌이 하나 더 있는 경우를 각각 생각해 보렴.

색이 같지 않은 경우 2가지, 색이 같은 경우 1가지이므로 공정하지 않습니다.
흰색 바둑알을 1개 더 넣으면 색이 같지 않은 경우 3가지, 색이 같은 경우 3가지로 공정합니다.

[주사위 던지기]

2 초이와 지오가 1부터 6까지 수가 적힌 주사위를 각각 던져 게임을 합니다. 다음 표에 초이가 이기는 경우는 ○표, 지오가 이기는 경우는 △표를 하고, 더 유리한 사람의 이름을 쓰시오. **지오**

두 주사위에서 모두 5보다 작은 수가 나오면 내가 이겨. 두 주사위 중 하나라도 5나 6이 나오면 내가 이겨.

지오 초이	1	2	3	4	5	6
1	○	○	○	○	△	△
2	○	○	○	○	△	△
3	○	○	○	○	△	△
4	○	○	○	○	△	△
5	△	△	△	△	△	△
6	△	△	△	△	△	△

초이 지오

합리적 선택

한입, 거꾸로, 딴소리 요괴가 빵 1개를 놓고 서로 먹겠다고 합니다. 아인이는 주사위를 던져서 빵을 먹을 요괴를 정하자고 하였습니다.

주사위를 던져서 나온 수를 말한 꼬마 요괴에게 빵을 줄게.

아인

꼬마 요괴들이 잠시 생각하더니 수를 하나씩 말합니다.

다른 요괴 친구들 모르게 굴려 봤더니 5가 나왔어.
5
한입 요괴

가운데 수가 많이 나오게 되어 있어.
3
거꾸로 요괴

빵이 1개니까 주사위의 수도 1이 나올 거야.
1
딴소리 요괴

유리한 수를 선택한 꼬마 요괴가 있습니까? 만약 유리한 꼬마 요괴가 있다면 이름을 쓰시오. **유리한 수를 선택한 꼬마 요괴는 없습니다.**

동전을 5번 던졌는데 모두 숫자 면이 나왔습니다. 6번째로 동전을 던졌을 때 결과에 대한 세 사람의 대화에서 바른 말을 한 사람의 이름을 쓰시오. **아인**

횟수	1	2	3	4	5	6
결과	숫자 면	숫자 면	숫자 면	숫자 면	숫자 면	?

6번째도 무조건 숫자 면이 나오겠네.
초이

숫자 면이 5번 나온 것과 이번 동전의 결과는 관계가 없어.
아인

이번엔 그림 면이 나올 때가 될 거 같아.
태경

노크 포인트

어떤 가능성이 더 높은지 판단할 때는 경우의 수를 구해야 합니다.

1이 나올 가능성

가 > 나

가 전체 4가지 경우 중 1가지
나 전체 6가지 경우 중 1가지

➡ 가 주사위의 가능성이 더 높습니다.

5가 나올 가능성

가 < 나

가 전체 4가지 경우 중 0가지
나 전체 6가지 경우 중 1가지

➡ 나 주사위의 가능성이 더 높습니다.

🗡 가능성이 큰 경우

두 회전판을 돌려서 나온 수의 합과 자신이 말한 수가 같은 사람이 청소 당번을 하기로 하였습니다. 다음을 보고 청소 당번이 될 가능성이 가장 큰 사람을 알아봅시다.

10
아인

8
태경

5
초이

3
지오

❶ 두 회전판을 돌려서 나온 수의 합을 표로 나타내어 보시오.

합	1	2	3	4	5	6
1	2	3	4	5	6	7
2	3	4	5	6	7	8
3	4	5	6	7	8	9
4	5	6	7	8	9	10

5, 6, 7은 4번, 4, 8번은 3번, 3, 9는 2번, 2, 10은 1번 나옵니다.

❷ 청소 당번이 될 가능성이 가장 큰 사람은 누구입니까? **초이**

[주사위 눈의 차]

1 1부터 4까지 수가 적힌 주사위 2개를 던져 나온 수의 차가 0 또는 1이면 태경이가 이기고, 2 또는 3이면 아인이가 이기는 게임을 하려고 합니다. 다음 표에 차를 적고 이길 가능성이 더 큰 사람의 이름을 쓰시오. **태경**

4 ◀ 3 ▶

이 주사위는 위의 꼭짓점에 있는 수를 읽는 거야.

차	1	2	3	4
1	0	1	2	3
2	1	0	1	2
3	2	1	0	1
4	3	2	1	0

차가 0인 경우: 4번
차가 1인 경우: 6번
차가 2인 경우: 4번
차가 3인 경우: 2번

[경품 추첨]

2 초이는 어머니와 마트에 갔다가 두 개의 상자에서 하나씩 꺼낸 수의 합을 미리 말하여 맞추면 경품을 받는 행사에 참여하게 되었습니다. 어떤 수를 말해야 경품을 받을 가능성이 가장 큽니까? **6**

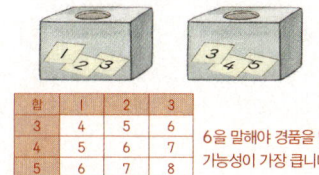

1 2 3 | 3 4 5

합	1	2	3
3	4	5	6
4	5	6	7
5	6	7	8

6을 말해야 경품을 받을 가능성이 가장 큽니다.

🎲 결과 예상하기

같은 주사위를 여러 번 굴려서 나온 수의 합이 크면 이기는 게임에서 주사위에 적힌 수가 다를 경우 어떤 주사위를 고르는 게 더 유리한지 알아봅시다.

가

나

주사위 수 : ⬜1 2 3 1 2 3

주사위 수 : ⬜0 0 0 4 5 6

❶ 두 주사위를 6번 굴려서 6개의 면이 한 번씩 나왔을 때 수의 합을 구하시오.

1 2 3 1 2 3 → $\boxed{12}$ 0 0 0 4 5 6 → $\boxed{15}$

❷ 이 게임은 공정합니까? 만약 공정하지 않다면 어느 주사위가 더 유리합니까?

공정하지 않습니다. 나 주사위

> 주사위의 각 면이 나오는 가능성이 모두 같아. 그러니까 각 면이 한 번씩 다 나온다고 생각하면 되는 거야.

[자석 낚시 놀이]

1 두 개의 통에 장난감 자석 물고기가 5마리씩 있습니다. 각 통에서 자석을 실에 매달아 똑같이 물고기를 잡았다가 다시 넣기를 반복하면서 잡은 물고기 번호의 합을 비교합니다. 게임을 반복할수록 합이 더 클 것으로 예상되는 통은 무엇입니까? **가**

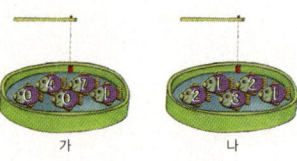

> 두 개의 통에 있는 물고기가 한 번씩 모두 나온다고 생각해.

가   나

가: 0+4+0+7+1=12
나: 2+1+3+2+1=9

[동전과 주사위]

2 아인이와 초이가 게임을 반복할수록 사탕을 더 많이 가져갈 것으로 예상되는 사람의 이름을 쓰시오. **초이**

> 동전 2개를 던져 모두 그림 면이 나오면 내가 사탕 한 개를 가져 오지.

> 주사위 1개를 던져 홀수가 나오면 내가 사탕 한 개를 가져 와.

아인   초이

아인: (그림 면, 그림 면), (그림 면, 숫자 면), (숫자 면, 그림 면), (숫자 면, 숫자 면)
   ➡ 4가지 경우 중 1가지
초이: 1, 2, 3, 4, 5, 6 ➡ 6가지 경우 중 3가지

🧠 창의적 문제해결력

1 회전판을 돌려서 2로만 나누어지는 수가 나오면 지오가 이기고, 3으로만 나누어지는 수가 나오면 태경이가 이깁니다. 또 2로도 나누어지고 3으로도 나누어지는 수가 나오면 아인이가 이깁니다. 회전판을 돌렸을 때, 가장 유리한 사람의 이름부터 순서대로 이름을 쓰시오. (단, 2와 3으로 나누는 경우만 생각합니다.)

아인 - 태경 - 지오

2로만 나누어지는 수: 8
3으로만 나누어지는 수: 9, 21
2와 3으로 모두 나누어지는 수: 12, 36, 42

2 1부터 6까지 수가 적힌 주사위 한 개와 동전 한 개를 던져서 동전은 그림 면, 주사위는 6보다 작은 수가 나오면 초이가 이기고, 다른 결과가 나오면 아인이가 이기는 게임을 하였습니다. 이 게임은 누구에게 더 유리한지 이름을 쓰시오.

아인

초이가 이기는 경우: (그림 면, 5), (그림 면, 4), (그림 면, 3), (그림 면, 2), (그림 면, 1)
전체 경우의 수는 12이고 초이가 이기는 경우의 수가 5이므로 아인이가 이기는 경우의 수는 7입니다.
따라서 아인이에게 더 유리합니다.

📍 동영상 특강
QR 코드를 찍어 보세요!!!

3 주머니 속에 있는 초록색 상자에는 사탕이, 노란색 상자에는 초콜릿이 각각 하나씩 들어 있습니다. 이 주머니에서 상자 2개를 꺼낼 때, 가장 유리한 사람은 누구입니까? **지오**

경우의 수: 1
> 사탕 2개가 나오면 내가 이겨.

경우의 수: 8
> 사탕 1개, 초콜릿 1개가 나오면 내가 이겨.

경우의 수: 6
> 초콜릿 2개가 나오면 내가 이겨.

초이   지오   태경

사탕 2개가 나오는 경우: (초1, 초2)
사탕 1개, 초콜릿 1개가 나오는 경우: (초1, 노1), (초1, 노2), (초1, 노3), (초1, 노4), (초2, 노1), (초2, 노2), (초2, 노3), (초2, 노4)
초콜릿 2개가 나오는 경우: (노1, 노2), (노1, 노3), (노1, 노4), (노2, 노3), (노2, 노4), (노3, 노4)

4 상자에 카드 3장이 들어 있습니다. 앞면에 ◯가 그려진 카드 한 장을 뽑았습니다. 이 카드의 뒷면이 ◯일 때는 아인이가 이기고, ✕일 때는 지오가 이긴다면 이 게임은 공정한 게임인지 알아보고, 아니라면 누가 더 유리한지 이름을 쓰시오.

공정합니다.

[카드 1]   [카드 2]   [카드 3]
◯ ◯   ◯ ✕   ✕ ✕
앞면 뒷면   앞면 뒷면   앞면 뒷면

MEMO

MEMO

MEMO

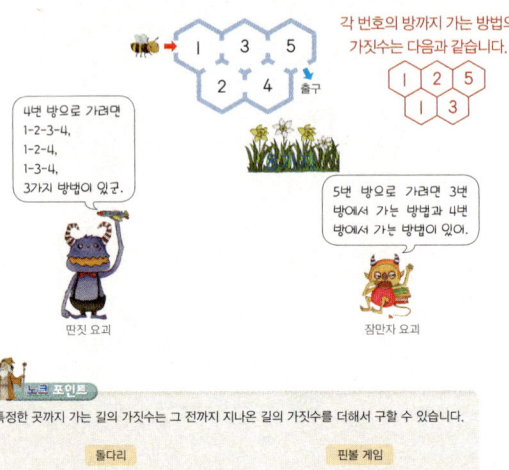

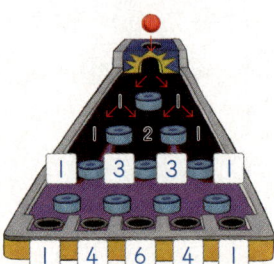

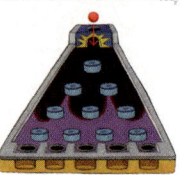

22·23

③ 조건이 있는 길

꼬마 요괴들이 돌다리를 건너 이웃 마을에 가려고 합니다. 꼬마 요괴들이 돌다리를 건너갈 수 있는 방법을 알아봅시다.

멍하니 요괴
1번 돌다리에서 시작해서 6번 돌다리에 도착해야 해. 난 안전하게 1번-2번-3번-4번-5번-6번으로 가야지.

딴소리 요괴
한 번에 1 큰 수 또는 2 큰 수가 쓰인 돌다리로만 갈 수 있어. 난 1번-3번-5번-6번.

거꾸로 요괴
거꾸로 갈 수는 없어. 3번에서 2번 또는 1번으로 가서는 안 돼.

2번 돌다리로 가는 방법은 1번에서 가는 1가지 방법뿐입니다. 3번 돌다리로 가는 방법은 몇 가지입니까? **2가지**
(1번에서 가는 방법의 수)+(2번에서 가는 방법의 수)=1+1=2(가지)

4번 돌다리로 가는 방법은 2번에서 가는 방법의 수와 3번에서 가는 방법의 수를 더하면 됩니다. 4번 돌다리로 가는 방법은 모두 몇 가지입니까? **3가지**
(2번에서 가는 방법의 수)+(3번에서 가는 방법의 수)=1+2=3(가지)

1번 돌다리에서 6번 돌다리로 가는 방법은 모두 몇 가지입니까? **8가지**
각 번호까지 가는 방법의 가짓수: 1번-2번-3번-4번-5번-6번
1가지 1가지 2가지 3가지 5가지 8가지
(1+1) (1+2) (2+3) (3+5)

22 C8 경우의 수와 통계

꿀벌이 1번 방에서 번호가 큰 방으로 이동하여 출구로 나가려고 합니다. 꿀벌이 이동하는 방법은 모두 몇 가지입니까? **5가지**

각 번호의 방까지 가는 방법의 가짓수는 다음과 같습니다.

딴짓 요괴
4번 방으로 가려면
1-2-3-4,
1-2-4,
1-3-4,
3가지 방법이 있군.

잠만자 요괴
5번 방으로 가려면 3번 방에서 가는 방법과 4번 방에서 가는 방법이 있어.

노크 포인트
특정한 곳까지 가는 길의 가짓수는 그 전까지 지나온 길의 가짓수를 더해서 구할 수 있습니다.

돌다리
(3까지 가는 길의 가짓수)
=(1번까지 지나온 길의 가짓수)+
(2번까지 지나온 길의 가짓수)

핀볼 게임
(ⓒ까지 가는 길의 가짓수)
=(㉠까지 지나온 길의 가짓수)+
(ⓒ까지 지나온 길의 가짓수)

Chapter 1 길의 가짓수 23

24·25

핀볼 게임

구슬을 넣으면 아래로 떨어져서 5개의 출구 중 하나로 나오는 핀볼 게임이 있습니다. 구슬은 장애물을 피해 아래로 내려오게 됩니다. 각 출구로 나오는 길의 가짓수를 구해 봅시다.

❶ 오른쪽은 게임판의 일부입니다. 구슬이 **가**까지 내려오는 길의 가짓수를 구하시오. **2가지**

❷ 구슬이 **나**와 **다**까지 내려오는 길의 가짓수를 각각 구하시오. **3가지, 3가지**

❸ (구슬이 **라**까지 내려오는 길의 가짓수)=(**나**까지 내려오는 길의 가짓수)+(**다**까지 내려오는 길의 가짓수)입니다. 같은 방법으로 다음 □ 안에 알맞은 수를 써넣으시오.

24 C8 경우의 수와 통계

[대나무 숲 산책]
1 아인이네 반 학생들은 체험학습을 가서 산책로를 지나려고 합니다. 그림에서 보이는 대나무의 오른쪽이나 왼쪽을 선택하여 지나면서 산책할 수 있는 길은 모두 몇 가지입니까? **8가지**

1+3+3+1=8(가지)

[구슬이 이동하는 길]
2 다음과 같이 막대가 가로막고 있는 통 안의 맨 위에 구슬을 놓았습니다. 구슬이 아래로 떨어질 때까지 이동하는 서로 다른 길은 모두 몇 가지입니까? **20가지**

Chapter 1 길의 가짓수 25

정답 및 해설 **5**

🐜 재미있는 모양의 길

벌집에 놀러 온 개미가 벌이 흘린 꿀을 발견했습니다. 개미가 꿀이 있는 곳까지 가는 가장 짧은 길을 모두 알아봅시다.

① 벌집의 한 변의 길이를 1이라고 했을 때, 꿀이 있는 곳까지 가는 가장 짧은 길의 거리를 구하시오. **5**

② 개미가 꿀이 있는 곳까지 가는 가장 짧은 길을 모두 그려 보시오.

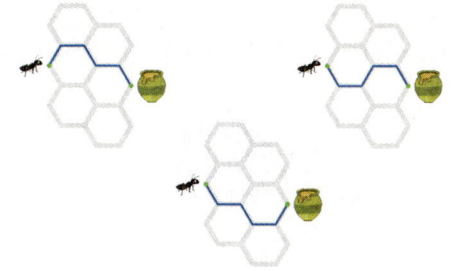

[한 번도 지나지 않는 길]

1 가에서 나까지 가는 가장 짧은 길을 모두 그릴 때, 한 번도 지나지 않게 되는 길은 모두 몇 개인지 구하시오. **2개**

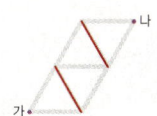

> 길이 놓인 방향을 보면 짧은 길을 그려 보지 않아도 지나지 않는 길이 보여.

[가장 짧은 길]

2 거북이가 토끼가 있는 곳까지 찾아가는 가장 짧은 길을 모두 그리시오.

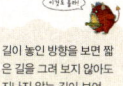

한 변의 길이를 1이라고 했을 때, 토끼가 있는 곳까지 가는 가장 짧은 길의 거리는 7입니다.

🎲 주사위 모양의 길

철사로 만든 모양의 한쪽 끝에는 개미, 다른 쪽 끝에는 꿀이 있습니다. 꿀 냄새를 맡은 개미가 꿀을 찾아가는 가장 짧은 길은 몇 가지인지 알아봅시다.

가장 짧은 길로 가야지.

> 꿀은 철사의 길이를 1 이라 하면 가장 짧은 길의 길이는 3이군.

① •이 표시된 지점은 개미가 철사를 따라 방향을 바꾸지 않고 갈 수 있는 곳입니다. ☐ 안에 길의 가짓수를 써넣으시오.

② •이 표시된 지점은 •이 표시된 지점에서 길이 모이는 곳이고, 꿀이 있는 지점은 •이 표시된 지점에서 길이 모이는 곳입니다. ☐안에 길의 가짓수를 써넣고, 개미가 꿀을 찾아가는 가장 짧은 길의 가짓수를 구하시오. **6가지**

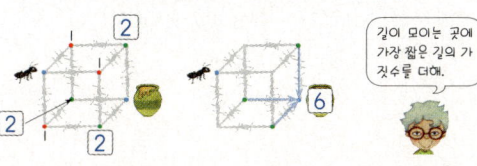

> 길이 모이는 곳에 가장 짧은 길의 가짓수를 더해.

[개미가 이동하는 길]

1 개미가 철사로 만든 길을 따라 과자를 가지고 벌집까지 가는 가장 짧은 길은 모두 몇 가지입니까? **2가지**

> 개미가 과자까지 가는 길, 과자에서 벌집까지 가는 길로 나누어서 생각해 봐.

개미가 과자까지 가는 방법: 2가지
과자가 있는 곳에서 벌집까지 가는 방법: 1가지
→ 2 × 1 = 2(가지)

[가장 짧은 길]

2 철사로 만든 길을 따라 가에서 나까지 이동하는 가장 짧은 길은 모두 몇 가지인지 구하시오. **36가지**

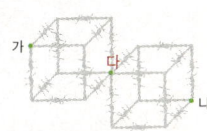

> 가에서 가운데 점, 가운데 점에서 나까지 가는 길의 가짓수를 구한 후, 어떻게 하면 될까?

가에서 다까지 가는 방법: 6가지
다에서 나까지 가는 방법: 6가지
→ 6 × 6 = 36(가지)

---

4 C8 경우의 수와 통계

🏠 갈 수 없는 길

지오네 집과 태경이네 집 사이에 큰 호수가 있습니다. 지오네 집에서 태경이네 집까지 가는 가장 짧은 길의 가짓수를 구해 봅시다.

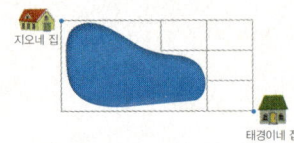

지오네 집
태경이네 집

❶ •으로 표시된 지점까지 갈 수 있는 가장 짧은 길의 가짓수를 □안에 써넣으시오.

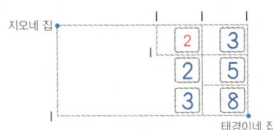 

지오네 집
태경이네 집

지오
•로 표시된 지점은 길이 모이는 곳이 아니야.

❷ 길이 모이는 곳에 가장 짧은 길의 가짓수를 더해 □안에 써넣으시오. 지오네 집에서 태경이네 집까지 가는 가장 짧은 길은 모두 몇 가지입니까? **8가지**

지오네 집
태경이네 집

태경
길이 모이는 곳은 길의 가짓수를 더해.

[요괴 피해 가기]

1 초이는 집에서 어머니 심부름으로 마트에 갑니다. 요괴가 있는 곳을 피해서 마트까지 가는 가장 짧은 길은 모두 몇 가지인지 구하시오. **8가지**

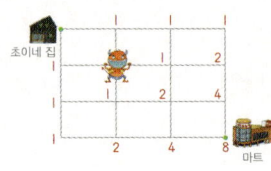

초이네 집
마트

내가 지키고 있는 이 길은 지날 수 없어. 그러니 갈 수 없는 길을 지워 놓고 생각해.

[호수 피해 가기]

2 다음과 같이 도로 중간에 큰 호수가 있습니다. 버스가 공원까지 가는 가장 짧은 길은 모두 몇 가지인지 구하시오. **19가지**

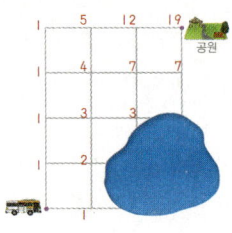

공원

각 갈림길마다 갈 수 있는 가장 짧은 길의 가짓수를 적어 봐.

---

2 특별한 모양의 가장 짧은 길

먹이를 구하러 나온 개미가 캔 묶음 위에 올라갔다가 떨어져 있는 캔 하나를 발견하였습니다.

나는 캔의 둘레를 따라 갈거야.

초록색 점은 캔의 둘레를 똑같이 넷으로 나눈 것입니다. 둘레를 따라 점과 점 사이의 거리를 1이라고 할 때 개미가 있는 곳에서 가까지의 가장 짧은 거리를 구하시오. **4**

개미가 가까지 가는 가장 짧은 길을 모두 그려 보시오.

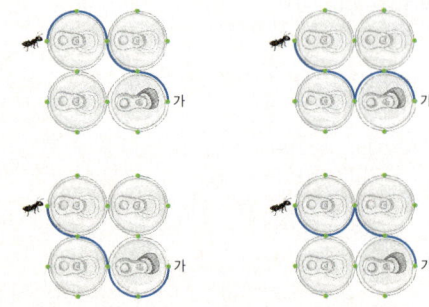

---

❸ 원의 둘레를 따라 점과 점 사이의 거리를 1이라고 할 때, 가에서 나까지의 가장 짧은 길의 거리를 구하고, 가장 짧은 길을 모두 그려 보시오.

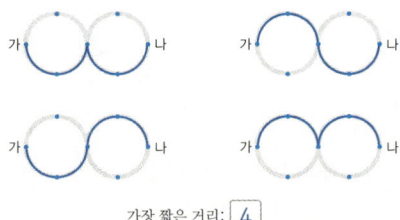

가　나　가　나
가　나　가　나

가장 짧은 거리: **4**

🧙 노크 포인트

특별한 모양의 가장 짧은 길을 찾는 문제는 가장 짧은 길의 거리를 구하고, 길을 하나씩 그려서 찾을 수 있습니다.

다음 그림에서 점과 점 사이의 거리를 1이라고 하면 개미가 벌집을 찾아가는 가장 짧은 길의 거리는 5입니다. 거리가 5인 길을 모두 그려 보면 4가지입니다.

정답 및 해설　**3**

길의 가짓수

1 최단 거리

마법 나라에는 가장 짧은 길의 가짓수를 구하는 신기한 방법이 적힌 종이가 있습니다. 종이에 적힌 지시 사항에 따라 가짓수를 구해 봅시다.

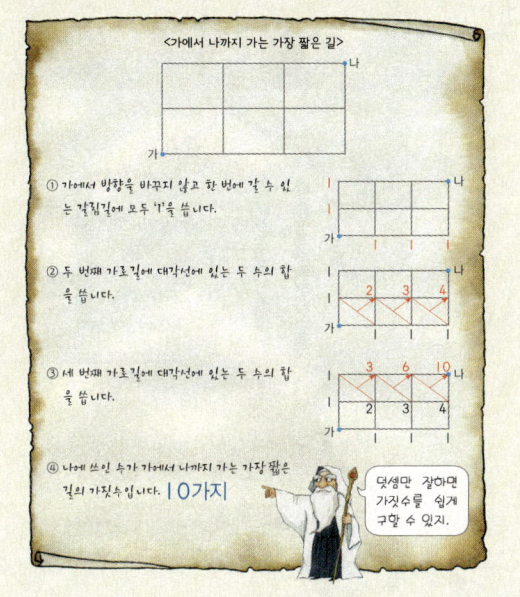

<가에서 나까지 가는 가장 짧은 길>

① 가에서 방향을 바꾸지 않고 한 번에 갈 수 있는 갈림길에 모두 1을 씁니다.

② 두 번째 가로길에 대각선에 있는 두 수의 합을 씁니다.

③ 세 번째 가로길에 대각선에 있는 두 수의 합을 씁니다.

④ 나에 쓰인 숫자가 가에서 나까지 가는 가장 짧은 길의 가짓수입니다. 10가지

덧셈만 잘하면 가짓수를 쉽게 구할 수 있지.

● 가에서 나까지 가는 가장 짧은 길을 구하려고 합니다. 갈림길의 ☐ 안에 알맞은 수를 써넣고, 가장 짧은 길의 가짓수를 구하시오.

4가지

6가지

길이 모이는 곳에 가장 짧은 길의 가짓수를 더해서 구할 수 있어.

가장 짧은 길은 나칸만큼 가야 하는데 여러 가지 방법이 있어.

노크 포인트

지름길이 있는 경우와 가지 못하는 길이 있는 경우, 가야 하는 길만 다시 그려서 생각합니다.

[지름길이 있는 경우]

[가지 못하는 길이 있는 경우]

지름길까지 가는 가장 짧은 길과 지름길에서 목적지까지 가는 가장 짧은 길만 다시 그립니다.

가지 못하는 길은 지우고 다시 그립니다.

🛡 지름길

지름길이 있는 지도를 보고 집에서 우체국까지 가는 가장 짧은 길의 가짓수를 구해 봅시다.

● 집에서 ㉠까지 가는 가장 짧은 길을 그렸습니다. ㉡에서 우체국까지 가는 가장 짧은 길을 그려 보시오.

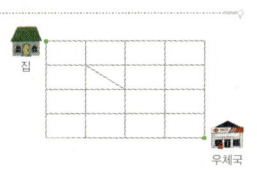

가장 짧은 길은 항상 지름길을 지나가야 해.

❷ 집에서 ㉠까지 가는 가장 짧은 길의 가짓수와 ㉡에서 우체국까지 가는 가장 짧은 길의 가짓수를 각각 구하시오.

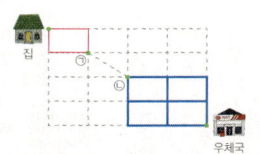

2가지

6가지

❸ 집에서 ㉠까지 가는 가장 짧은 길의 가짓수와 ㉡에서 우체국까지 가는 가장 짧은 길의 가짓수를 곱하면 집에서 우체국까지 가는 가장 짧은 길의 가짓수를 알 수 있습니다. 곱셈식을 완성하고 답을 구하시오.

$$2 \times 6 = 12 \text{(가지)}$$

[가장 짧은 길 찾기]

1 태경이와 초이가 각자 집까지 갈 때, 가장 짧은 길을 그려 보시오.

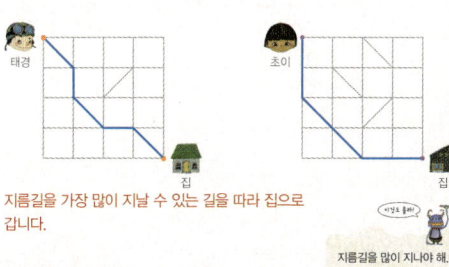

지름길을 가장 많이 지날 수 있는 길을 따라 집으로 갑니다.

지름길을 많이 지나야 해.

[가장 짧은 길로 가는 방법]

2 장난 요괴가 마법 방망이가 있는 곳까지 가려고 합니다. 가장 짧은 길로 가는 방법은 모두 몇 가지인지 구하시오. 3가지

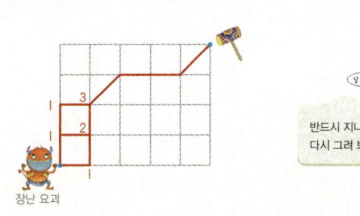

반드시 지나야 하는 길만 다시 그려 봐.

정답 및 해설

누구나
쉽고 재미있게

사고력 수학

노크

C8
(10~11세)

경우의 수와 통계

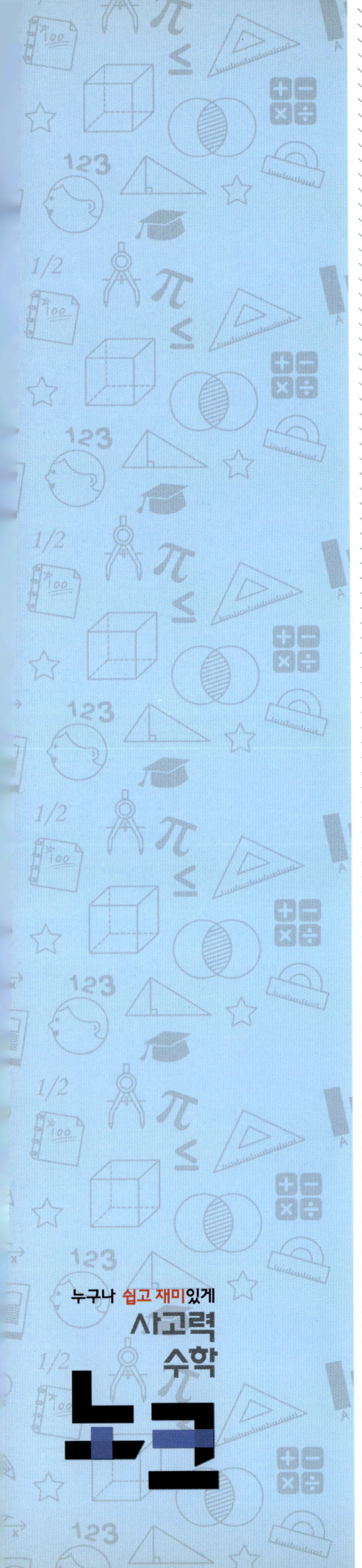

정답및 해설

천재교육

경우의
수와 통계

C8

(10~11세)

누구나 쉽고 재미있게
사고력
수학
노크